多様性社会と人間

IT社会と経営・食文化・ダイバーシティー

澁澤健太郎
雨宮寛二
諸伏雅代

共　著

時潮社

はじめに

　近年のスマートフォンの急速な普及にみられるように情報化社会の進化は、単純な技術革新ではなくあらゆる分野へ利便性と課題を投げかけています。社会構造のシステム・チェンジは、それに伴う種々の社会変動を惹起しており、そのうちの基本的なものを挙げれば情報化、高齢化、人口減少、女性の社会的地位向上、社会的アノミーの増大、環境問題等々のもたらす社会的インパクトがあります。ここで述べた社会変動は多様性にもかかわらず、これらの諸変動の間には相互に深い関連性があるということです。

　本書は、このような背景を意識して「多様性社会と人」をテーマに書かれたものです。多様性社会の変化全般を伝えることなど簡単にできることではありませんが、重要な視点からの研究は必ず多様性社会の生き方の小さなヒントに繋がると信じています。

　著者を代表して

澁澤　健太郎

多様性社会と人間

IT社会と経営・食文化・ダイバーシティー

目　次

はじめに　　3

第1章　多様性社会と経営

1．ICT産業から生まれる多様化の波　　11
2．IoTによる多様性社会の促進　　13
3．新たなテクノロジーとWebアプリケーションによる
　　生活の多様化　　19
　3‐1　AIの実用化　　21
　3‐2　スマートホーム・アシスタント　　23
　3‐3　フィンテック　　28
4．創造的破壊と経営の多様化　　35
　4‐1　両利きの経営による創造的破壊者　　38
　4‐2　多様性社会と経営　　40
【参考文献】　　43

第2章　多様性社会と食

はじめに　　49
1．地理・歴史から考える食文化　　49
　1‐1　食と歴史　　49
　1‐2　香辛料と歴史　　52
　1‐3　香辛料と地理　　54
　1‐4　発酵食品と地理　　58
2．嗅覚・味覚から考える食文化　　62
　2‐1　嗅覚と風味　　62
　2‐2　味覚とおいしさ　　65

2-3　食文化の形成　　　　　　　　　　　　　67
　　2-4　ソウルフード　　　　　　　　　　　　　69
　3．文化・民族による食の捉え方　　　　　　　　　73
　　3-1　資本と文化　　　　　　　　　　　　　　73
　　3-2　食文化とグローバル化時代　　　　　　　75
　　3-3　グローバリゼーションとローカリゼーション　77
　4．宗教と食　　　　　　　　　　　　　　　　　　79
　　4-1　食の嗜好　　　　　　　　　　　　　　　79
　　4-2　食の嗜好への対応　　　　　　　　　　　80
　　4-3　イスラム教とハラル　　　　　　　　　　81
　　4-4　その他の宗教　　　　　　　　　　　　　85
　5．多様性社会における日本と食　　　　　　　　　87
　　5-1　観光と食　　　　　　　　　　　　　　　87
　　5-2　多様性社会の到来と食　　　　　　　　　89
　おわりに　　　　　　　　　　　　　　　　　　　　91
　【参考文献】　　　　　　　　　　　　　　　　　　92

第3章　多様性社会と情報

　1．電子書籍　　　　　　　　　　　　　　　　　　99
　　1-1　自費出版　　　　　　　　　　　　　　　104
　　1-2　セルフパブリッシング　　　　　　　　　106
　　1-3　電子図書館　　　　　　　　　　　　　　115
　2．多様性社会のコミュニケーション　　　　　　　118
　　2-1　SNS　　　　　　　　　　　　　　　　　118
　　2-2　AIとAR　　　　　　　　　　　　　　　123

3．ICT教育とアクティブラーニング　　　　　　　127
　　3‐1　高等教育におけるICT活用の現状　　　　134
　　3‐2　ICTを活用させるための施策　　　　　　136
　4．仮想通貨　　　　　　　　　　　　　　　　　140
　　4‐1　ビットコイン　　　　　　　　　　　　　143
　　4‐2　仮想通貨の汎用性と転々流通性　　　　　147
　　4‐3　仮想通貨のリスク　　　　　　　　　　　148
　　4‐4　仮想通貨の展望　　　　　　　　　　　　150
　5．多様性社会とビジネス　　　　　　　　　　　153
　　5‐1　Uber　　　　　　　　　　　　　　　　156
　　5‐2　新しい働き方　　　　　　　　　　　　　160
　【参考文献】　　　　　　　　　　　　　　　　　166

付録：東洋大学男女共学100周年記念事業学生報告会資料　169

おわりに　　　　　　　　　　　　　　　　　　　181

第1章 多様性社会と経営

第1章　多様性社会と経営

1．ICT産業から生まれる多様化の波

　世界経済の長期的停滞は、創造的破壊がみられなくなったからだとの悲観的な見方がある。スウェーデンの経済学者であるフレドリック・エリクソンらは、『イノベーション・イリュージョン』でこの見方を示した。また、ロバート・ゴードン米ノースウェスタン大学教授は、『ザ・ライズ・アンド・フォール・オブ・アメリカン・グロース』のなかで、現代のIT革命の影響はきわめて小さく、19世紀後半の第2次産業革命で発明された電気や自動車、飛行機などに比べて小粒だと論じている。

　だが、現在のIT革命のスピードは急速な勢いで増している。グーグル（Google Inc.）やアマゾン（Amazon.com, Inc.）といったIT（information technology）企業はもちろん、米国を中心としたIT先進国から生まれる多くのスタートアップが創造的破壊を起こしながら、IT革命を牽引している。しかも、その潮流は、2つの大きな流れを伴いながら加速している。その流れこそが、IoT（Internet of Things）とAI（Artificial Intelligence）なのである。

　この2つの流れは、今後ICT（Information and Communication Technology）産業においてメインストリームとなる可能性を秘めている。IoTでは、社会や生活で利用するすべての機器や端末にコンピュータを内蔵し、センサーがビッグデータを収集しながら、自動制御や最適化を可能にする。そのため、効

率性や品質性、安全性、快適性が著しく向上し、社会や生活を強力にサポートしてくれる。それは、スマート化の促進であり、現在では、スマート家電、スマートホーム、スマートグリッドなどに代表される形で具現化されつつある。

　他方AIでは近年、深層学習（deep learning）により機械学習（machine learning）の精度が上がったことから、パターン認識の能力が著しく向上した。そのため、ビッグデータ分析への応用が可能となり、さまざまな分野で「専用人工知能」技術として実用化が進められている。それは、掃除ロボットや機械翻訳であり、さらにはスマートホーム・アシスタントや自動運転車などである。また、フィンテック（FinTech）のように、融資や資産管理分野にAIを活用したアルゴリズム（algorithm）が用いられることで、オンラインサービスとして具現化されているものもある。AIを活用することで固定費が下がるため、ローエンドモデルによる市場参入が可能となり、金融業界にも破壊的な波をもたらしている。

　IoTによるスマート化やAIを活用したサービスの多様性は、需要サイドに劇的な価値をもたらすことで潜在需要を喚起するものである。この流れはまさしく社会や生活の多様化を促進するとともに、テクノロジーを梃子に成熟市場を未成熟市場へと転換させる潜在力を秘めている。創造的破壊を繰り返すことで、将来的にIoTによりすべての端末や機械が自動制御され最適化が図られるとともに、AIが専用人工知能から汎用人工知能へと進化したとき、社会や生活のなかにいかなる光景が広がるの

か、期待は膨らむばかりである。

　次節では、まず、今後ICT産業においてメインストリームとなりうる2つの流れ、すなわち、IoTとAIが、社会や生活にいかなる多様化をもたらすかについて、現在注目されているサービスや製品に焦点を当てながら検証する。そのうえで、多様化の流れから生じる変化に、企業経営はどのように対応していかなければならないのか、創造的破壊を踏まえながら論じることとする。

2．IoTによる多様性社会の促進

　近年、情報通信技術（ICT：Information and Communication Technology）産業において、注目すべきトレンドとして取り上げられているひとつに、「IoT（Internet of Things）」がある。IoTとは「モノのインターネット」と訳され、世の中に存在するあらゆるモノがインターネットに接続され相互通信が行われることで、自律的な制御が可能になることを意味する。その真意は、スマート製品に代表されるあらゆるモノにコンピュータが内蔵され、センサーなどによりビッグデータを収集し、それを解析することで機能や性能を高めたり、マーケティングに生かしたり、さらには新たな製品やサービス、技術を考案する材料にしたりすることで、経済的な価値を見出すことにある。この意味で、IoTが大きな可能性を秘めていることに疑いの余地はない。

このように、IoTという言葉は、インターネットへの接続機能をもつスマート製品の増大に伴い、そこから生み出される新たな事業機会に焦点をあてるために登場した。それゆえ、インターネット自体は単に情報を伝達する手段に過ぎない。重要なのは、接続機能をもつスマート製品が膨大なデータを生み出すために、その性能や機能が向上し進化している点で、いわゆるモノ自体の本質が変化している点を見過ごしてはならない。

　IoTを構成する基本要件は、情報を「トレース（trace：追跡）」し計測するためのコンピュータやセンサーが内装されたデバイス（device：機器）、情報を伝達するネットワーク、情報を蓄積するサーバー、蓄積されたデータ等の「解析」機能やシステムである。これらを主たる構成要素として、IoTの多様な産業への応用やグローバル展開を想定して、デバイスやネットワークの管理負担の増大から、ネットワークアドレスやその他の付帯情報の効率的な管理のための共通管理基盤プラットフォームなどが付随要件として含まれる。企業は、こうしたIoTの本質を捉えて、IoTにより生まれる競争状況の変化に常に目を向けていかなければならない。

　IoTの基本要件において重要となるのは、「トレース」と「解析」の２つの役割である。トレースは、製品の部材や原料から消費されるまでの一連の工程を記録し、流通後にはその記録を辿って追跡できるようにすることを意味する。いわゆるトレーサビリティ（traceability）の考え方である。

　トレースには、たとえば製造工程で問題が発生したとき、そ

の製品を回収するためにバリューチェーンの川下に向かって追跡する方法（トレースフォワード）と、逆に製品の流通後に問題が発生したとき、その原因を突き止めるためにバリューチェーンの川上に遡って追跡する方法（トレースバック）の2つがある。

　トレーサビリティが利用されているのは今のところ、高価で貴重な医薬品に限られているが、将来的にはこうした医薬品を始めとして消費財などあらゆる製品でも活用されることになろう。

　一方、解析は、統計的な手法に始まりさまざまな方法が存在するが、ここでは人工知能（AI：Artificial Intelligence）を用いた解析が重要となる。これについては後述の「3．新たなテクノロジーとWebアプリケーションによる生活の多様化」で詳細を論じることとしたい。

　今後グローバル化がさらに進んで多様化に耐えられる体制をつくるためには、IoTが必要不可欠となる。なぜなら、IoTは、コンピュータが組み込まれたモノ同士がオープンに連携して、社会や人々の暮らしを支援してくれるからである。それゆえ、今後は徐々に社会や生活のなかで身近なモノ、たとえば、自動車や家電製品などの中にコンピュータやセンサーが組み込まれていくことになる。これらは組込みシステムとして機能し、人間が介在しなくても、コンピュータ自体があらゆる状況を判断し最適に制御しながら、社会のさまざまなプロセスを実行するようになる。これこそがまさにIoTの最終形であり、家庭でも、

職場でも、学校でも、公園でも、公共施設でも、あらゆる場所にある製品や端末、機械などのすべてが対象となって自動連携が進み、有機的なエコシステムになっていくのである。

社会システムを変容する力をもちうるIoTを社会的に実現していく取り組みが、現在さまざまな産業で進められている。たとえば、自動車産業では、輸送効率・環境保全と自動車構造そのものの両面からIoTの導入が進められている。

前者の代表的な取り組みが、高速道路交通システム（ITS：Intelligent Transport Systems）である。ITSとは、国土交通省が示すように、安全・快適で効率的な移動に必要な情報を迅速、正確かつわかりやすくドライバーなどの利用者に提供することで、道路交通の安全性、輸送効率、快適性の飛躍的向上、環境保全を実現する取り組みである。具体的には、最先端のエレクトロニクス技術を活用して、人と道路と車両とを一体のシステムとして構築することにより、ナビゲーションシステムの高度化、有料道路等の自動料金支払いシステムの確立、安全運転の支援、公共交通機関の利便性向上、物流事業の高度化等を図るものである。

公共交通の高度化を図ることを目的として、バスロケーションシステムやインターネットによる運行情報等の提供の充実により利用者を支援するシステムに加え、情報通信を利用したオンデマンド運行などにより運行効率化を支援するシステムなどがある。また、物流事業の高度化としては、衛星測位システム（GPS：Global Positioning System）ならびにデジタルタコグラ

フ（運行記録計の一種で車両の運行にかかる速度・時間等を自動的にメモリーカード等に記録する装置）を活用した安全で効率的な運行を支援するシステムや、ICチップを活用した荷物識別票などによる荷物管理の高度化を支援するシステムなどがある。

他方、自動車構造そのものにおけるIoTの導入は、ハイブリッド車や電気自動車などで自動車内部の状況を把握するためのインターフェースをさらに高めるかたちで進められている。たとえば、OBD（On-Board Diagnostics）は自動車の自己診断機能で、自動車各部に搭載されたコンピュータ（ECU：Electrical Control Unit）がプログラミングにより、故障状況を診断してランプの点滅やブザー音の鳴動でドライバーに伝えてくれる。

OBDは、車内システムからさまざまなデータを収集することで故障状況を把握し、自動車自体の安全性を確保する役割を果たしている。自動車メーカーは、従来自社製の自動車を活用してデータを収集しながらOBDの開発に努めてきたが、IoTはOBDの機能や性能をさらに高める手段として注目されている。

こうした自動車メーカーの動きとは別に、ICTを駆使して自動車の社内システムを開発し大きな流れを生み出そうとしているのが、グーグルを傘下にもつアルファベット（Alphabet Inc.）やアップル（Apple）などである。たとえば、アルファベットは、大局的な視点から自動運転がデフォルト（default：標準）になる時代を想定して、「車載システム向けソフトウェア」と「自動車OS」の両面から次世代自動車プラットフォームの開発に取り組んでいる。

「アンドロイド・オート（Android Auto）」はダッシュボードの画面を制御するソフトとして機能し、今ではドライビングに必要なあらゆる情報はもちろん、娯楽などの提供も可能にしている。現状では数百種類に過ぎないアンドロイド・オート対応アプリは徐々に増殖し、将来的には車載画面を通してあらゆる操作を最適化してくれる存在になりうる。

　2014年に発表されたこのアンドロイド・オートは、今では全世界で40以上の自動車メーカーや車載器メーカーによって、100種類以上の対応モデルが提供されている。こうした背景には、消費者が車を購入する際にダッシュボード技術を決め手としたり、モバイル接続機能の販売や情報の提供で収入を確保したりするというメーカーの思惑がある。

　こうしたアルファベットなどの動きを牽制して、車載システム向けソフトウェアを独自開発する自動車メーカーも存在する。だが、このような独自路線を進める動きが、すでにアプリ開発のエコシステム構築で先行するアルファベットやアップルに立ち遅れているのは明らかである。そのため、自動車メーカーとしては独自開発を進める一方で、アンドロイド・オートやアップルが開発を進める「カープレイ（Car Play）」の採用に踏み切らざるをえないというのが実情である。

　また、自動車メーカーのなかには、IoTを導入した新たな動きを進める事業者も存在する。その一例として、トヨタが2016年4月に発表したマイクロソフトとの共同事業がある。この新事業は、日本や米国で走行するトヨタ車のドライバーから了承

第1章　多様性社会と経営

を得て交通状況や路面の状態、さらにはドライバーの運転パターンなどの膨大な情報をビッグデータとして収集・分析し、結果をドライバーにフィードバックし役立てるというものである。ドライバーは配信されるリアルタイムの渋滞情報で渋滞を回避でき、また、運転の仕方に応じた自動車保険料の算出などが可能となる。トヨタは自動車メーカーでしか保有しえないこうした運転情報などのビッグデータを活用することで、自動車の運転そのものに役立てる意向である。

　こうした動きは、まさにコネクテッドカー（connected car）実現に向けたIoT戦略の一環と言え、それは、より安全により快適に自動車を運転するための機能を充実させることを目指したものである。

3．新たなテクノロジーとWebアプリケーションによる生活の多様化

　コンピュータやインターネット、スマートフォン（スマホ）、ロボットなど断続的に生まれる新しい技術やサービスにより、社会はますます変化し生活は多様化していく。かつてコンピュータはアプリケーションソフトで仕事の進め方や暮らし方を変えたが、それはあくまでもスタンドアローン（stand alone）のレベルにとどまるものであった。だがそれはやがて、パーソナルコンピュータ（PC：Personal Computer）としてインターネットにつながることで複合的な役割をこなす力を発揮し、スタ

ンドアローンの無力さを解消し始める。その後、モバイルというコミュニケーション・テクノロジーが付加されることで、ウェブとアプリ、モバイルが融合したシステムとして進化を遂げることになる。

　このシステムは、グローバル化、ボーダレス化、ソーシャル化といった流れを牽引し、現代社会の中心として今もなお機能し進化し続けている。こうしたデジタル・テクノロジーの潮流は、今後大きくなってさらなる広がりをみせ、社会や暮らしを変え続けていくに違いない。それゆえ、われわれは将来的にも常に新たなテクノロジーを取り入れていかなければならない。それは、まさに協働という形をとることで、その恩恵を享受することが可能となる。

　新たなテクノロジーのひとつとして、今後社会を大きく変え、われわれの生活に多様化をもたらすと期待されているのが、人工知能（AI：Artificial Intelligence）である。AIは現在さまざまな産業や分野で実用化され始めている。AIの出現はサービスの分散化を加速させ、あらゆるテクノロジーを社会や生活の隅々にまで行き渡らせていくことを可能にするものである。2045年には「シンギュラリティ（Singularity：技術的特異点）」が到来し、AIが人間の脳を超えるとの予測もある。だが、AIを応用化した製品やサービスは従来のテクノロジーと同様に、社会や暮らしのなかで協働という形をとりながら機能することで、経済的な価値や便益をもたらすに違いない。

3-1　AIの実用化

　ビッグデータの時代と呼ばれて久しい。近年、ビッグデータ活用における主要技術であるハドゥープ（Hadoop：データを複数のサーバーに分散・並列して処理するソフトウェアプラットフォーム）の登場により、構造化データに加え非構造化データも大容量の分析が特定企業以外でも可能になったことで、データ解析が注目されるようになった。

　近年では、IoTの概念がビッグデータの流れに拍車をかけている。すべてのデバイスにコンピュータやセンサーを取り付けて、あらゆる機会や場所において製品の自動制御が進み、インターネット経由で収集したデータを解析することで、新たなアイデアや手法が提案され、経済価値を創出している。その際、解析に使われるのが、機械学習（machine learning）といったAI技術であり、そのなかでも特に注目されているのが「深層学習（deep learning）」である。深層学習は、人間の脳と同じ動作原理を用いて設計された情報処理システムにより、人工のニューラル・ネットワーク（neural network：神経回路網）として機能するものである。

　機械学習のアルゴリズム（algorithm）はすでに実用化されており、米アマゾンの通販サイトでは、レコメンデーション機能として書籍をはじめ多くの製品を推奨している。こうしたレコメンデーション機能は今や多くの企業が取り入れており、動画配信サービスのネットフリックス（Netflix）では全視聴の75％

がオススメ機能から生まれている。

　深層学習のアルゴリズムもまた実用化が進みつつある。音声アシスト機能や自動運転車などがそれである。音声アシスト機能は、アップルの「Siri」が嚆矢となり、今ではグーグルが「Google Assistant（グーグル・アシスタント）」を、マイクロソフト（Microsoft Corporation）が「Cortana」を、さらには米アマゾンが「Alexa（アレクサ）」をスマホやスマートホーム・アシスタントに組み込んで精度を高めている。

　一方、自動運転車では、アルファベットが開発を進めているグーグルカー（Google Self—driving Car）が深層学習を取り入れ始めている。グーグルカーは開発当初、人の運転の仕方を再現するものではなかった。問題を単純化して、データだけで自動運転車を機能させるよう開発が進められた。それは、グーグルマップをデータベースにしてGPSで現在位置を特定し、リアルタイムの情報をレーダーなどによるセンサーで確認しながら対処するというものであった。

　だが試験走行を重ねていくうちに、やがてセンサーで収集した情報を深層学習のアルゴリズムで解析するようになっていく。すなわち、自動学習システムの構築である。これまで積み重ねた200万マイルの試験走行で得た膨大な情報をアルゴリズムが学習することで、運転技術の経験値を高めていくアプローチをとっている。

　米運輸省高速道路交通安全局（NHTSA：National Highway Traffic Safety Administration）が定義した自動運転レベルで

いえば、グーグルカーはレベル4、すなわち「加速・操舵・制動すべてをドライバー以外が実施（ドライバーがまったく関与しない状態）」することを想定して、当初より開発が進められてきた。それは既存の自動車メーカーがレベル1の自動運転支援システムから高速運転支援システム（レベル2～3）、さらには完全自動走行システム（レベル4）へと順次開発レベルを上げていくアプローチと一線を画すものである。それゆえ、グーグルカーは人間のドライバーとAIとのハンドオフをまったく想定していない。グーグルカーは、こうした深層学習のアルゴリズム向上とともに進化しつつある。

3-2　スマートホーム・アシスタント

スマートホーム・アシスタントという新たな市場にもAIが活用され始めている。従来、ポスト・スマートフォンはスマートグラスやスマートウォッチといわれてきたが、近年新たなテクノロジー開発の方向性が鮮明になってきた。その新機軸こそが、スマートホーム・アシスタントである。スマートホーム・アシスタントは、「アマゾン・エコー（Amazon Echo）」がその先駆け製品としてすでに米国で認知されつつあるが、最近では、グーグルなどが製品化を進めている。エコーはアレクサの愛称で機能する音声アシスタント端末で、2014年に発売後すでに累計出荷台数は700万台に上る。

それでは、エコーのような製品がなぜ、アップルやグーグルからではなくアマゾンから生まれたのであろうか。それは、ア

マゾンがオリジナルブランドのスマホとして開発したファイアフォンに失敗したからである。仮にファイアフォンのセールスが伸びて普及していたら、アマゾンは必然的にスマホという「文脈（context：コンテクスト）」に縛られ、アップルやグーグルと同様に、ファイアフォンに音声アシスタント機能であるアレクサを搭載していたに違いない。つまり、アマゾンはファイアフォンという足枷がなくなったことで、アレクサを搭載する端末をゼロから開発する機会を得たわけである。

エコーは、全方位スピーカーによる音声操作が可能な据え置きタイプの端末で、ハンズフリーで利用できるというメリットからユーザーエクスペリエンスの点で、米アップルのSiriや米グーグルのグーグル・アシスタントとは一線を画す。すなわち、Siriやグーグル・アシスタントのように装置に向かって話しかける必要はなく、生活の導線で会話しながら願いを聞いてくれるという体験をユーザーにもたらす。こうした点から、エコーはパーソナルアシスタントというよりも、むしろファミリーアシスタントとして機能し、家庭内で誰もが手軽に利用することが可能となる。

たとえば、料理中に「ペーパータオルが切れた」と言えば、親切にもアマゾンに注文を出してくれるし、家族団らんで「クラシックミュージックをかけてくれ」と言えば、即座に反応してくれる。このように家族が会話するなかで、片づけなければならない用事をエコーは次々とこなしてくれる。

エコーに搭載するアプリケーションは、パーソナルアシスタ

ントであるアレクサに教える新しいワザという意味から、「スキル（skill）」と呼ばれている。2016年1月に130強であったスキルは、9月には3,000を突破しており順調にエコシステムを構築している。だが、スマホのエコシステムに比べるとまだまだ成長の余地はある。

　現在、エコーに搭載されているスキルは、ピザのDomino's、航空券／ホテル予約のKAYAK、タクシー配車サービスのUber、金融サービスのCapital One、フィットネスのFibit、スマートホームのSmartThingsなどであるが、これらはいずれも品物・サービスの注文や家の機能操作といった特定の用途に限られている。なぜなら、現在のエコーではスマホのアプリのようにディスプレイが利用できないからである。こうした観点から、スマホのアプリに比べスマートホーム・アシスタントでのアプリ開発には、大きな制約がデベロッパー（開発者）に課されることになる。

　従来スマホのアプリは、ゲームやSNS（Social Networking Service）を中心にすそ野を広げてきた。アップストア（App Store）にしてもグーグルプレイ（Google Play）にしても、今やアプリの開発数は150万を超えている。こうした規模にスマホのアプリ数を伸ばすことができたのは、ほかでもないディスプレイを備えたモバイルの機動性にデベロッパーがスマホの将来性を感じ取ったからである。

　エコーはすべての問いを音声で指示することから、スキルの開発において必然的にデベロッパーに大きな負担が課されるこ

とになる。こうした負担を軽減するために、アマゾンはこれまでにAlexa Voice Servicesを改良し、デベロッパーがアレクサの音声コントロールを自分のデバイスに実装できるようにした。現在アマゾンのエコーを嚆矢にして、競合企業がスマートホーム・アシスタントの開発を進めつつある。なかでもグーグルはグーグル・ホームをすでに発表しているが、残念ながら、その仕様はエコーと同じくディスプレイが装備されていない。だが、アプリ開発などから今後のホームアシスタントの方向性を考えると、スマートホーム・アシスタントにはディスプレイの標準装備が基本となるに違いない。

　究極的には現在のテレビにパーソナルアシスタント機能を備えた端末を開発することが理想となる。そうなれば、スマホの仕様をほぼ備えることになるため、アプリ開発に加え周辺機器の開発による付加価値機能を追加することも可能となる。リモコンを必要とせず、すべての指示は音声で認識され、外部の用事に加え、家のなかの疑問や娯楽にもこの１台のスマートホーム・アシスタントがあれば、AIがすべて解決してくれる日が訪れるのもそう遠くはない。

　こうしたエコーの動きに対抗して、これまでスマホの文脈に縛られてきたグーグルが、2016年10月に新型の会話型人工知能としてグーグル・アシスタントを発表した。これまで音声アシスト機能としてはGoogle Nowが存在したが、グーグル・アシスタントでは、バックグラウンドで用いられるAIが格段に強化されている。たとえば、画像認識の精度は2014年の89.6％か

ら93.9％に向上し、より自然な文章での翻訳が可能となり、合成音声もより細かい粒度で制御が可能となっている。

　こうして進化したグーグル・アシスタントは、グーグルの新たなる独自ブランドスマホである「ピクセル」だけでなく、スピーカー型の音声認識端末「グーグル・ホーム（Google Home）」に搭載されている。とりわけ、グーグル・ホームは、この分野で先行するエコーとの差別化を図るうえで、さまざまな機能を強化している。特に、音楽機能は充実している。ユーザーが特定の曲をリクエストすると、スポティファイやパンドラなど、あらかじめ設定したストリーミング音楽配信サービスから曲を流してくれる。他にも、情報を検索したり、クロームキャストやアンドロイドTVを操作して動画を再生したり、照明やエアコンなどスマートホーム機器を操作したりすることができる。

　だが、これらの機能はエコーでも利用できるため、競合との差別化が特段図られているというわけではないが、グーグル・アシスタントでは認識率や人の生活の文脈に沿った提案を可能にしている。すなわち、人が端末に問いかけてから答えを出すのではなく、先回りして自発的にアイデアを示すスマートさである。あらかじめスケジュールや日常の行動パターンをAIに学習させておくことにより、人が質問する前に次の行動を示してくれるというアプローチである。AIが学習することで人の日常生活の文脈が把握できるようになれば、有能なアシスタントとしてこうした能動的なアクションを起こすことが可能となることをグーグル・アシスタントは示唆している。

3-3　フィンテック

　デジタル・テクノロジーの急速な進展に伴い、新しいテクノロジーを親和性の高い業種に積極的に活用する動きがみられるようになってきた。「フィンテック（FinTech）」もそのひとつである。フィンテックとは、ファイナンス（Finance）とテクノロジー（Technology）を組み合わせた造語で、ITを活用した新たな金融、決済、財務サービスを指す。新たな金融サービスの開発に加え、これまで銀行などの金融機関がほぼ独占していた融資や決済、資金管理などのサービスを金融業ではない企業も行うようになってきた。

　こうした企業はフィンテック企業と呼ばれ、金融IT分野のスタートアップ（startup：新興企業）を中心に近年徐々に増え始めている。それは、米国のベンチャーキャピタル市場で、2008年に10億ドルであったフィンテック企業への投資額が、2015年には150億ドルに迫る勢いで急上昇していることからもうかがえる。しかも、2015年の米国投資額は、グローバル投資額223億ドルの7割近くを占めており、2008年の比率である9割弱のピーク時から逓減してはいるものの、依然として米国投資額が全体の大半を占めているのである。

　このようにフィンテックは米国を中心として成長してきたが、これまでにさまざまなサービスが生み出されている。たとえば、スマホなどのモバイル端末による決済（デジタル・ウォレット）や送金といった身近なサービスに始まり、クラウドファンディ

ングやオンライン融資、暗号通貨、さらには個人財務管理（デジタル家計簿）などである。

　これらのサービスはいずれも従来の方法や制度を破壊し、需要サイドに劇的な価値や便益をもたらしている点を特徴としている。これをオンライン融資の例でみてみると、従来金融機関で融資を受けるには担保や事業計画など複数の審査が必要であった。金融機関は信用の手形として経営状況を審査し融資の判断を行っている。そのため、判断には時間がかかり、おおむね数週間程度が費やされることになる。

　だが、オンライン融資では、金融機関のように担保や事業計画ではなく、電子商取引（EC：Electronic Commerce）における販売実績や決済データなどを基にして融資が実行される。たとえば、アマゾンジャパンが展開している「Amazonレンディング」では、融資対象者を「Amazonマーケットプレイスでのビジネスにおいて実績のある法人の販売事業者」に絞り、短期運転資金を貸付けている。

　アマゾンでは、あらかじめコンピュータがAmazonマーケットプレイスでの販売実績などを事前に審査するため、最短1日での融資判断が可能となる。これにより、初回の融資申し込みは、ローン入金まで最短で5営業日で完了する。よって、タイムリーな融資が常時受けられるという価値を需要サイドにもたらすことが可能となる。

　このようにアマゾンでは、販売実績などのデータを活用して、事前に自動的にこれらを分析することで、融資の金額や金利、

期間などを融資対象者にオファーすることが可能となり、融資のカスタマイズ化を実現することに成功している。

　また、ビッグデータ解析を活用して、高度な与信判断をタイムリーに行うオンライン融資サービスも登場している。そのひとつが、米国ジョージア州アトランタに本拠をおくカベージ（Kabbage）である。カベージは、米国で主に中小企業向けローンを手がけるオンライン融資サービスである。融資の申し込みをオンラインで受け付けると、インターネットからさまざまな関連情報を取得して、AIを活用した独自のアルゴリズムにより融資申し込み企業の信用力や返済能力を調査して融資の可否を判断する。融資の審査完了までにかかる時間は平均で6分という短時間で、翌日には融資申し込み企業の銀行口座にお金が振り込まれ、融資に関するプロセスがすべてオンラインで完了する。

　このようにカベージは、融資審査を独自開発したアルゴリズムに一元的に委ねることで、短時間での融資判断を行う革新的なバリューチェーンを生み出した。アルゴリズムは、インターネットを通じて与信判断の材料となるさまざまな種類の情報を収集する。それは、クレジットカード決済サービスの利用実績に始まり、クラウドサービスで管理されている財務・会計情報、ECサイトやSNS上にあるアカウント情報に至るまで多岐にわたる。アルゴリズムはこれらの情報からタイムリーに、融資申し込み企業の返済能力や事業継続性、さらには経営者の能力や性格などを審査して企業の信用力を算出する。

金融機関などによる従来の融資では、融資申し込み企業の直近の収益が改善し拡大していたとしても、過去の業績が芳しくなければ、融資を受けることができない場合があった。しかし、アルゴリズムの導入により、与信判断の材料となるさまざまな情報をインターネットによりタイムリーに収集し分析できるようになったことから、融資機会を広げることができるようになった。カベージが主として、既存の金融機関からの融資を断られる中小企業をオンライン融資の対象にしているのが、そのことを物語っている。ビッグデータを基にしたアルゴリズムを活用することで、中小企業の信用力や返済能力をタイムリーかつ正確に見極められるようになったことから、まさにこのような融資が可能になったのである。

　カベージは2009年の創業以来これまでに運転資金向けの融資を中心にして15万件の融資を実施し、2015年には融資総額が10億ドルに達している。米国では、カベージのようにビッグデータを活用してオンライン融資を行う新しいタイプの企業は、「オルタナティブレンダー（alternative lender：従来とは異なる貸し手）」と呼ばれている。

　他方で資産管理の分野でも、AIを活用したサービスが提供されている。資産管理といえば、従来、ファイナンシャル・アドバイザー（FA：Financial Adviser）が投資家のさまざまな目標に合わせて資産運用をアドバイスしてきたが、近年では「ロボ・アドバイザー（RA：Robo-advisor）」と呼ばれるカテゴリーに分類される企業がこの領域に参入し、ウェブサイトを

通じてAIを活用したアルゴリズムにより投資家の資産運用に関する提案を行っている。

　RAの特徴は、主に次の4つである。

　一つ目の特徴は、資産運用に関するアドバイスを原則としてウェブサイト上で行い、対面では行わない点である。RAが展開するサイトで、年齢、収入、保有資産、投資経験、リスク許容度などの情報を入力すれば、その情報を基にアルゴリズムが最適なポートフォリオを自動的に組んでくれる。

　二つ目は、顧客対象を一般的な個人投資家に絞って、資産運用に関する提案を行っている点である。RAでは、一般的な個人投資家の割合が7割以上を占めているのがその証左でもある。

　三つ目は、中心顧客である個人投資家のなかでミレニアム世代（Millennial Generation/Millennials：2000年以降に成人になった世代）の顧客化に成功している点である。ミレニアム世代は主にFAのような対面型サービスに拘りをもたず、スマホやタブレットなどのモバイル端末から金融サービスを利用しているので、RAはこうしたニーズを取り込めることが可能となる。

　四つ目は、AI活用による自動化の実現により人件費などの固定費を抑えることで、手数料を低く設定できる点である。RAでは、年間手数料を預かり資産に対して0.3%程度の水準に設定している。

　RAは大別すると、「非対面型」「ハイブリッド型」「オンライン・フルサービス型」の3つに分類できる。

　非対面型とは、人を介さずウェブサイトを通じたシステムの

みで資産運用に関するアドバイスを行う形態である。ハイブリッド型は、非対面型のように基本的に資産運用に関するアドバイスはシステムが行うが、運用開始後、必要に応じてFAの対面でのアドバイスを受けられる形態である。さらに、オンライン・フルサービス型は、投資家がオンライン・フルサービスを通じて資産運用だけでなく、株式や投信の売買も行うことができ、必要に応じてFAによる対面でのアドバイスを受けられる形態である。

　RAとして起業したスタートアップのなかで、とりわけ注目を集めているのがベターメント（Betterment）である。2008年に米国ニューヨーク州で創業したベターメントは、他のRAサービスと同様に、投資に対する決定をアルゴリズムに依存している。アルゴリズムは、投資家の年齢や収入といった個人情報に加え、金融リスクなども加味してポートフォリオを組む。たとえば、投資家がベターメントのウェブサイトで質問に答える形で必要な情報を入力すると、アルゴリズムがこれらの情報を即座に解析し推奨資産配分を計算する。これにより、投資家の資産は複数の上場投資信託に自動的に配分される。この間にかかる時間はわずか10分程度であり、人間は一切関与しない。しかもオンライン完結型のサービスであるため、24時間いつでも投資運用のアドバイスを受けられ取り引きを行うことができる。また、手数料は資産規模に応じて変動し、1万ドルまでの手数料は0.35％で、最低投資額の基準は設定されていない。

　ベターメントはハイブリッド型のビジネスモデルをとるため、

投資家は運用開始以降、RAサービスの他に、必要に応じてFAの助言を受けることができる。だが、ベターメントのアドバイザー事業の歴史は浅く実績がほとんどないことから、ベターメントは世界でも有数のネットワークと歴史を誇る資産運用グループのフィデリティ（Fidelity）と提携して、この点を補っている。このように、弱点の補強などさまざまなステップを積み重ねながら、ベターメントは順調に成長を続け、今や資産運用額は50億ドルに達している。

　フィンテックが注目を集めるのは、こうしたテクノロジーの活用により金融の革新的なサービスが次々と生み出されることにある。フィンテック企業による新たなるサービスの提供は、利用者が既存の金融サービスで抱える不満を的確に捉え、それを取り除いてくれるものである。

　一方で既存の金融サービスは、こうしたサービスの多様化の波が押し寄せても、従来のしきたりやノウハウ、さらにはこれまでに蓄積してきた複雑なシステムが存在するため、直ちに変更したりつくり変えたりすることは困難である。そのため、既存の金融サービスにとって、加速度的に進化し続ける新たなフィンテックサービスは大きな脅威となる。また、フィンテックサービスは、従来の金融サービスよりも圧倒的な低価格でサービス提供が可能なことから、ローエンドモデルとしての破壊力はきわめて高いといえよう。

　さらに、フィンテックは、「社会的包摂（Social inclusion：ソーシャル・インクルージョン）」の観点からみても大きな意味

をもつ。なぜなら、フィンテックが、従来金融機関の口座を開設したりお金を借りたりできなかった人たちにも、こうした機会が与えられる潜在力をもっているからである。これは、まさに、社会的な孤立や困難を抱えている人たちをもう一度社会の構成員として取り込み、そのための制度や環境を整えるという社会的包摂の考え方に即したものである。フィンテックが、国民一人ひとりに正式な金融サービスへのアクセスを提供できる機会をつくる活動として「金融包摂（financial inclusion：ファイナンシャル・インクルージョン）」を促進できるのではないかと期待されている所以でもある。

　フィンテックは金融システムに新たな変革をもたらすという意味で、大きなポテンシャルを秘めている。ITを駆使したイノベーションの新たな潮流は、金融の世界にも大きな波となって押し寄せ始めている。フィンテックは、単に便益を高めた金融サービス全般を意味するだけではなく、今やテクノロジーを梃子にした金融の革新的な動きとして進化し発展しつつある。

4．創造的破壊と経営の多様化

　アーロイソ・シュンペーターはかつて『経済発展の理論』のなかで、イノベーション（innovation：画期的な革新）を意味する「新結合」の存在が景気循環を左右し、企業が断続的に新結合を起こさなければ、国家として経済的な成長は見込めない旨を説いた。いわゆる「創造的破壊」である。

創造的破壊は、とりわけ実績のある大企業にとって起こすことはきわめて困難である。なぜなら、優良なる大企業は、コア・コンピタンス（中核事業）をすでに有していることから、これら製品やサービスの改良や改善を行いながら、並行して新たな技術や製品、サービスの開発に取り組まなければならないからである。これは、いわゆる「両利きの経営（ambidexterity）」と呼ばれる手法で、イノベーションの「非連続性」の特性からきわめて難しいとされる。つまり、イノベーションは、非連続性、すなわち、何もないゼロの状態から新たに画期的な技術や製品、サービスを生み出すという特性を有していることから、過去に蓄積した知見や経験はむしろ足枷となる。よって、高度な知見や経験値の高さを生かせるという意味での「連続性」の特性をもつ既存製品やサービスの改良や改善を行う行為は、イノベーションを起こす行為とはまさにトレードオフの関係にあり、両者は対峙することになる。

　こうした両利きの経営を行う難しさは、現代の企業経営においても例外ではない。創造的破壊を断続的に起こせなければ、いくら優良なる大企業といえども、自らが主戦場とする市場において優位性を維持できなくなり、やがてその舞台から去ることになる。

　かつてソニーは1950年から1982年までの32年間に、盛田昭夫元社長のイニシアティブにより12ものイノベーションを起こした。当時のソニーは、実績のないスタートアップから始め、右肩上がりに会社が大きくなっていく成長期にあったことから、

コア・コンピタンスを構築しつつある時期であった。したがって、大企業と比較して自社の経営資源を新たな技術や製品、サービスの開発に集中することが容易であったため、非連続性を生み出せる経営環境下にあった。

　だが、やがてエレクトロニクス製品の事業を中心にテクノロジー企業としてコア・コンピタンスを確立するようになると、ソニーは既存価値の深化に集中するあまり、既存製品の改良や改善に傾注するようになる。それはすなわち、新たなる価値の探索に目を向けることができなくなってしまったことを意味するものであった。とりわけテレビ事業では、ブラウン管技術の開発に傾注するあまり、新たなテクノロジーの波が市場に押し寄せても、ブラウン管という既存技術の深化に固執し続けた。それゆえ、液晶技術によるフラットテレビの製品化に漕ぎつけたのは、シャープのアクオス発売から5年経過後のことであった。

　これは、液晶技術の深化に固執し続けたシャープの経営にも同じことが当てはまる。シャープのケースは、ソニーのケースよりもむしろ深刻なものとなった。シャープは起業以来虎の子の技術である液晶を中心に経営資源を集中し投資を増大したことから、経営の多様化を実現するに至らなかった。2016年には電子機器受託製造サービス（EMS：Electronics Manufacturing Service）企業の世界最大手として知られるフォックスコン・グループの中核企業である鴻海精密工業による買収に合意し、最終的に外資系企業の傘下に入ることを余儀なくされた。シャー

プがこうした状況に追い込まれた要因はいくつかあるが、主要な要因のひとつとして考えられるのは、エレクトロニクス産業における市場の変化に対応できなかったことである。

4‐1　両利きの経営による創造的破壊者

　ソニーやシャープのケースは、コア・コンピタンスを確立した大企業にとって両利きの経営を行うことがいかに難しいかを物語るものである。ましてやこの経営を長期的に継続し創造的破壊を起こし続けるのは、至難の業であるといっても過言ではない。

　だが、2000年以降ICT産業において、この両利きの経営を実践し大きな成長を遂げた企業が存在する。それは故スティーブ・ジョブズが最高経営責任者（CEO：Chief Executive Officer）を務めていた時代のアップルである。アップルは2000年から2010年までの10年余りの間に、既存製品の改良や改善を図りながら、立て続けに3つのイノベーションを起こした。すなわち、その3つの製品とは、iPod、iPhone、iPadである。

　アップルはそれまでのコア事業であったMacの改良・改善を図りながら、新たにiPodを開発して、iTunesやiTunesミュージックストアとのコラボレーションにより、三位一体の複合モデルとしてiPodを世に送り出した。その後も、アップルはMacやiPodの改良・改善を図りながら、サードパーティによるアプリケーション開発の仕組みとしてアップストアを組み込み、iPhoneの革新性を高めることに成功した。さらに、アップル

はMacやiPod、iPhoneの改良・改善を図りながら、iBooksを追加することでネットワークサービス機能を充実させ、革新的なタブレットとしてiPadを開発するに至った。

　アップルがこれら3つの製品を開発できたのは、優良なる大企業が陥りがちな既存価値への集中に傾注することを回避できたからである。

　ジョブズは創造的破壊を繰り返し起こすために、経営や事業運営においてさまざまな工夫を凝らした。それは主として、組織をフラットに保つことであり、100人程度の少人数で製品開発プロジェクトを組むことであり、エンジニアや中間管理職の知見を生かすために創発的戦略を用いることであった。これらはいずれもイノベーションを起こすために必要不可欠な要素であった。だが、創造的破壊において何よりも大きかったのは、ジョブズが新たなる価値の探索に専念できるような経営環境をアップルがつくり出せたことであった。それは、ティモシー・クックとの分業経営である。クックはオペレーションのプロであったことから、既存価値の深化の役割を一手に引き受けることが可能であった。よって、ジョブズは既存製品の改良や改善に傾注することなく、イノベーションの開発に専念することができた。

　このように、アップルが創造的破壊を起こす黄金時代を築けたのは、両利きの経営を行ううえで、ジョブズとクックとの間で両者の棲み分けが明確にできていたからに他ならない。

4-2　多様性社会と経営

　アップルのケースでみたとおり、企業が創造的破壊を起こすためには、いかにして両利きの経営を行える体制を企業内部に構築するかが最大の焦点となる。社会や生活があらゆる面において多様化する今日、既存価値の深化を図りながら、新たなる価値の探索にも目を向けられる企業はきわめて少ないが、創業以来、事業領域を着実に広めながら、革新性を常に保ち続ける企業が存在する。それは、グーグルを傘下にもつアルファベットである。

　アルファベットは、グーグルとして創業以来ユニークな経営方針を貫き、常に革新性を追求しながら大きな成長を遂げてきた。それでは、アルファベットの革新性の源泉とは、いかなるものであろうか。従来「20％ルール」（就業時間の20％を本業以外の研究などに費やすことを社員に推奨するルール）こそが、アルファベットのイノベーション開発の代名詞であったが、同社の革新性の源泉はそれだけにとどまらない。それは、人材の採用に始まり、企業文化、報酬、組織、福利厚生など、さまざまな分野で導入され展開されている独創的かつ複合的なマネジメントに見いだすことができる。

　とりわけ特徴的なのは、フラットな組織を保ちながら、新規案件に投資する経営手法をとっている点である。たとえば、「7のルール」を社内に浸透させ、意思決定者に最低でも7人の直属部下をもたせることで、フラットな組織を保つための工

夫を社内制度に取り入れている。また、経営資源の70%をネット検索などの主力事業に、20%を成功間近の成長プロジェクトに、10%をリスクの高い新規プロジェクトに投資する「70対20対10のルール」を設定して、経営資源を既存価値の深化にのみ充てるだけでなく、新たなる価値の探索にも投入できるよう資源配分の明確な基準を定めている。

さらにアルファベットでは、理想とする人材を「スマート・クリエイティブ」と称し、人材採用の選定基準を設定している。その基本的要件は、「ビジネスセンス」「専門知識」「クリエイティブなエネルギー」「自分で手を動かして業務を遂行しようとする姿勢」の4つである。アルファベットは、これらの要件を満たす人材を採用するため、システム化された独自の面接手法をとっている。それは「構造的面接」と呼ばれるもので、一連の整合的な質問に回答させることで、回答の質を横断的に評価するというものである。

この構造的面接には、「行動面接」と「状況面接」の2つがあり、アルファベットはこれらの面接を組み合わせることで、スマート・クリエイティブの発掘に結びつけている。行動面接では、求職者はこれまでの自分の業績を説明したうえで、それを応募した仕事といかに調和させるかを説明しなければならないし、状況面接では、「もし、〜なら、あなたはどうしますか」といった仮想的な質問に答えなければならない。アルファベットはこうしたハードルを求職者にいくつも課すことで、彼らがスマート・クリエイティブであるか否かを見きわめていく。

他方でアルファベットは、入社後にスマート・クリエイティブが自由にモノを考える環境をマネジメントすることに注力している。たとえば、「異議を唱える義務」を重視する文化を社内に浸透させることで、能力主義を徹底させている。
　報酬の面でも工夫を凝らしている。報酬といえば通常は、会社が社員に出す給与を指すのが一般的であるが、アルファベットでは、社員同士でボーナスを支給する制度を導入している。これは、管理者の承認や社内手続きを必要とせずに、１人１回175ドルまで社員が社員にボーナスを支給できる制度である。他にも、ネット上で社員が相互に褒め合う「gサンクス」といった制度、さらには、撤退した事業の開発チームにもわずかばかりではあるが報酬を出す制度なども導入している。
　アルファベットが敢えてこうした独創的な制度を次々と導入する狙いは、報酬面での公平性を担保することや、リスクのある事業を立ち上げて進めたとしても会社が不利益を被るわけではないことなどを社員に理解させ浸透させることで、革新的な製品やサービスの創出に結びつけることにある。アルファベットの強みは、こうして生まれる独創的で複合的なマネジメントにあるといえよう。これらの一連の取り組み、すなわち「ルールメイキング戦略」こそが、イノベーションを醸成するアルファベットのエコシステムを強固なものにしている。
　このように、アルファベットは、採用面ではスマート・クリエイティブの基準を確立し、福利厚生面ではスマート・クリエイティブがその能力を最大限に発揮できるように環境を整え、

投資面では70対20対10のルールを確立するなどして、社内の制度や組織、文化を変革することにより、恒常的にイノベーションを誘発しながら、価値や便益の想像を実現するといった、いわゆる「ダイバーシティー経営（diversity management）」を実践しているのである。

アルファベットは、当初グーグルとしてウェブ検索エンジンの会社としてスタートしたが、現在では、こうした取り組みを厳格に遂行しながら、基盤技術やWebアプリケーションを多数開発して、事業領域を拡大することに成功している。これらの領域で新たに開発されたGoogle Chrome、Gmail、Google Maps、Android、Google Play、YouTubeなどは、ウェブ検索サービスと同様に、利用者が10億人超えを果たしている。たとえ社会や生活に多様化の波が押し寄せたとしても、ウェブ検索サービスという既存価値の深化を図りながら、こうした波への柔軟な対応を可能にしているのである。

【参考文献】

1．Erixon, F. and B. Weigel (2016) *The Innovation Illusion: How So Little Is Created by So Many Working So Hard*, Yale University Press.
2．Gordon, J. R. (2016) *The Rise and Fall of American Growth: The U.S. Standard of Living Since the Civil War* (*The Princeton Economic History of the Western World*), Princeton Univ Press.
3．国土交通省ホームページ

(http://www.mlit.go.jp/jidosha/anzen/01its/about.html)

4．National Highway Traffic Safety Administration,"Preliminary Statement of Policy Concerning Automated Vehicles"May 13, 2013.
(http://www.nedodcweb.org/report/DOT%20Policy%20concerning%20Automated%20Vehicles.pdf)

5．Accenture（2015）."The Future of Fintech and Banking: Digitally disrupted or reimagined?"
(http://www.fintechinnovationlablondon.co.uk/media/730274/Accenture-The-Future-of-Fintech-and-Banking-digitallydisrupted-or-reima-.pdf)

6．Accenture（2016）.『フィンテック、発展する市場環境：日本市場への示唆』
(https://www.accenture.com/jp-ja/~/media/Accenture/jp-ja/Documents/DotCom/Accenture-Fintech-Evolving-Landscape-jp.pdf)

7．Schumpeter, J. A. (1983) *Theory of Economic Development: An Inquiry into Profits, Capital, Credit, Interest and the Business Cycle, Cambridge*: Harvard University Press.

8．エリック・シュミット共著『How Google Works―私たちの働き方とマネジメント』（日本経済新聞出版社・2014年）

9．ラズロ・ボック著『ワーク・ルールズ！―君の生き方とリーダーシップを変える』（東洋経済新報社・2015年）

10．Verhage, Julie (14 July 2016). "Robo—Adviser Betterment Hits the $5 Billion Mark". Bloomberg. Retrieved 14 July 2016.

11．Christensen, M. C. (1997) *The Innovator's Dilemma:*

When New Technologies Cause Great Firms to Fail, Boston, MA: Harvard Business School Press.
12．Christensen, M. C. (2003) *The Innovator's Solution: Creating and Sustaining Successful Growth*, Harvard Business School Press.
13．雨宮寛二著『アップルの破壊的イノベーション』(NTT出版・2013年)
14．雨宮寛二著『アップル、アマゾン、グーグルのイノベーション戦略』(NTT出版・2015年)

第2章 多様性社会と食

第 2 章　多様性社会と食

はじめに

　多様性社会の到来により知識を深める必要があるもの、それは『食』であろう。食事は自国であれ旅先であれ、さまざまな場面で誰もが必ず日に何度か経験するものだからである。食事の回数、時刻、マナー、食材、調理法といったなかには歴史や文化がつまっており、それらはグローバル化が進めば進むほど無視できない、むしろお互いを知るために知らなければならない事柄である。

　本章では、国や地域における食文化の背景を歴史や地理的要因から、そして個人における食の嗜好を人間の味覚形成過程や宗教的要因からみていく。最後に、訪日観光客が2,000万人を超えた現在、日本における食に対する多様性について述べる。

1．地理・歴史から考える食文化

1-1　食と歴史

　人間にとって生きていくうえで必要不可欠なもの、それは食べ物である。布団や衣類はなくとも生きられるが、食べられないということはわれわれの生命を脅かす。

　人類が誕生した約200万年前にさかのぼると、われわれの祖先は生きるために食糧を獲得し、そこから栄養を摂取すること

に起きている時間の大半を費やしてきた。食糧の狩猟採集を行っていたわれわれの祖先はやがて動物を狩猟するための石器を生み出し、効率よく食糧を獲得できるようになった。火の使用は170万年前から20万年前と諸説あるが[1]、われわれの祖先は火を使用することにより、たんぱく質や炭水化物を効率よく摂取できるようになった。これが旧石器時代の獲得経済である。

　約9,000年前、チグリス川・ユーフラテス川流域のメソポタミアでは降水を利用した農業と牧畜が行われるようになった。獲得経済から農耕や牧畜による生産経済に移行が始まった時期である。そのためこの時期は食糧生産革命とも呼ばれている[2]。

　農耕や牧畜は定住化を促し、それにより食糧保存の知恵や技術、そして食糧保存に使われる器がつくられるようになった。また、食糧の安定的な生産を行うためにも治水・灌漑が始まり、灌漑技術の取り入れられた地域に人が集まって住むようになった。約7,000年前には都市国家が形成され、多くの食糧（富）を蓄えた者が支配権力を増加させるようになった。このようにして約5,500年前に都市文明が生まれた。

　このメソポタミア文明は、現在のところ人類最古の文明といわれており、生産経済の発生に伴い文字・暦・青銅器・信仰などが生まれた。蓄えた食糧や必需品を宮殿や都市で分配し、手工芸品を販売するという現在のバザール（注）の起源もこの時に発生し、やがて約4,000年前には法による支配も生まれた（ハンムラビ法典）。

　約5,000年前に生まれた古代エジプト文明もナイル川沿いの

肥沃な土地で農耕や牧畜による生産経済が始まったことで誕生した。政治や経済、文化や芸術、学問、そして衣食住といった現代文明の原点はほとんどがエジプト文明で生まれた[3]。現存する壁画に当時の人々の生活が多数描かれており、食にまつわる壁画が数多く残されている。このことからも、食が文明を繁栄させるうえで重要な役割を果たしていたことがわかる。

　時代は進み、15世紀から17世紀中頃まで続いた大航海時代には、ポルトガルやスペインによる新航路や新大陸の発見が続いた。その目的の一つは肉の保存や臭み消しに用いる香辛料をアジアで獲得することであった。また、この時代に海を渡った食材も多い。現在イタリア料理には欠かせないトマトは、スペイン人が南米から持ち帰ったものである。また、現在世界で食べられているジャガイモも南米が原産である。また唐辛子も中南米原産で、やはりこの時代にヨーロッパに渡った[4]。

　このように飽くなき食への欲望が新大陸発見や経済発展の源となったともいえる。また、貴族等の贅沢品として食されていた砂糖。原料となるサトウキビが、原産地であるインドやペルシア地域（他説あり）から世界各地に広まったのもこの時期である[5]。やがてプランテーションとして栽培されるようになっていった。

　このように人間の歴史をみると、食糧を中心に都市が形成され、やがてその都市文明のなかで現代文明の原点が生まれ、世界が動いてきたといえる。そして現在も食糧の大量生産を行うことのできる国が経済力をもち、世界を動かしているといって

も過言ではない。

　（注）バザール：中東諸国・中央アジア・インドなどの市場のこと。イスラム世界の市場のこと。

1-2　香辛料と歴史

　香辛料に関する世界最初の記述は5,000年前、中国の神農帝が記述した漢方書にみられる。そこにはジンジャー（ショウガ）、トウニッケイ（ケイヒ）、アニス（セリ科の一種）、ターメリックといった香辛料についてその効能が書き記されている[6]。

　紀元前4世紀の古代ギリシアでは、医学の祖と称されるヒポクラテスが「胡椒は婦人病に効く」と記している。このことから古代ギリシア時代には、すでにヨーロッパにアジアの特産品である香辛料が持ち込まれていた[7]。そして古代ローマ時代には香辛料は非常に貴重で贅沢品であったため、富裕層はあらゆる食材に風味づけとして用い、また化粧品や医薬品にもふんだんに使った。

　13世紀になるとインドの胡椒海岸と呼ばれるマラバル海岸に渡ったイスラム商人は、アレクサンドリアに香辛料を持ち帰るというインド洋交易を行った。インドの貿易港ではコショウ、カルダモン、ジンジャー（ショウガ）、ターメリック、セサミ（ゴマ）、クミンの取り引きが行われた。ヴェネツィア商人はイスラム商人が持ち帰った香辛料をアレクサンドリアで買いつけてヨーロッパに持ち帰るという東方貿易を行い、ヨーロッパ各

第2章　多様性社会と食

国で非常に高い値で売りさばいたのである。

このような香辛料貿易によってヴェネツィアは大繁栄を遂げた。13世紀の初め、マルコ・ポーロがアラブの支配地を迂回する極東への新しいルートを捜してヴェネツィアから船出し、中東から陸路でめざした。25年後、彼は元の皇帝フビライ・ハーンの宮廷からすばらしい財宝を持ち帰り、そのなかには香辛料も含まれていたといわれる。当時、北イタリアではサフラン1ポンドが馬1頭と同じ価値をもち、羊1頭はジンジャー1ポンド、牛1頭がメース（ナツメグの木からとれる仮種皮）2ポンドと交換されるほど高価であった[8](注)。

15世紀になるとイスラム教スンナ派の大帝国であるオスマン帝国がさらに勢力を拡大したことでヨーロッパ諸国の東方貿易は衰えた。それによりヨーロッパ諸国は香辛料の産地であるインドやモルッカ諸島（インドネシア）と直接取り引きを行う航路開拓の必要が生じ、スペイン・ポルトガルによる大航海時代が始まった。

15世紀から17世紀中頃まで続いた大航海時代は、四大香辛料といわれるナツメグ・コショウ・シナモン・クローブはたいへん高価な値段で取り引きされた。特にクローブは生産地と消費地の価格差が360倍であったといわれる。スペインとポルトガルは互いにスパイスの取り引きをめぐって妨害し合い、それはあまりにも度が過ぎていた。そのため、ローマ教皇の調停により西経46度37分を境にして、西側で新たに発見された地はスペインが、東側はポルトガルが権利をもつことになった（トルデ

シリャス条約)。

17世紀にはイギリス東インド会社、オランダ東インド会社が香辛料の産地をめぐり勢力争いを繰り広げた。四大香辛料のうちナツメグとクローブといった貴重な香辛料の産地であるモルッカ諸島(現インドネシア)を中心とした東南アジアをオランダ東インド会社が支配するようになった。やがて18世紀の終わりには、イギリスはインドからオランダを追い出し、ロンドンが世界の香辛料貿易の中心となった。

現在では外国料理をつくろうと思いスーパーに行けば、調味料・香辛料の棚には世界各地から輸入されたものをはじめ、多くの種類の香辛料が並んでいる。小瓶に詰められたものであれば数百円で購入することができる。この小瓶に詰められた香辛料によって食に対する欲求を突き動かされた人間は、長期にわたって世界で争奪戦を繰り広げてきたのである。

(注) 1ポンド＝0.45359237kg

1-3 香辛料と地理

風味づけ以外に香辛料が人間の歴史をこれだけ大きく動かしてきた理由とは何であろうか。まず香辛料の定義であるが、香辛料は香りのよい、あるいは辛味のある植物を乾燥したもので、丸ごと、あるいはちぎる、挽くなどして粉末にしたものである。根、種、乾いた葉、香りがすれば岩や木につくコケでもこの定義にあてはまる。料理の辛味づけや食材の臭み消し、着色を目

第2章　多様性社会と食

的として利用される食品である。

　コショウやサンショウ、トウガラシ、ナツメグなどは聞きなれた香辛料であるが、日本人に馴染みのショウガ、ニンニク、パセリなども香辛料に入る。中米・北米で料理に使われるチリパウダー、そして日本料理に使われる七味唐辛子、インド料理をつくる際に欠かせないガラムマサラ、中国料理に使われる五香粉などは、香辛料を使いやすいように数種類ブレンドしたものである。

　食品に香辛料を用いる理由は、香辛料のもつ四つの効用を利用するためである。一つ目はナツメグなどのような肉や魚の臭みを消す化学的消臭効果。二つ目はローズマリーやミントなどのように強い香りで人間の嗅覚を麻痺させる感覚的消臭効果。三つ目はコショウやシナモンを用いて食品を保存させる殺菌・防腐効果。そして四つ目はパプリカ、ターメリック、サフランなどの彩を鮮やかにする着色効果である。

　また、香辛料は四つの健康効果も持ち合わせている。

　一つ目は食欲を高め消化吸収を助ける効果である。香りは食欲そのものを左右する。食欲は交感神経(注)に支配されており、交感神経が興奮すると食欲は低下し、鎮静すると食欲が出る。好ましい匂いは交感神経を静めて気分を和らげるため、食欲を増進させるのである。クミン、コリアンダーの香りは食欲を増進させ、また胃腸の働きを活発にする。どちらも地中海東部原産で、現在もアラブ料理に欠かせない。暑い環境下でも食欲を維持するための先人の知恵であろう。

二つ目は代謝を促進し「冷え」を予防する効果である。トウガラシ、ショウガ、コショウなどは交感神経機能を高め、エネルギー消費量、熱生産量を上昇させる。韓国や中国でも寒い地域の料理に多く用いられている。

　三つ目は抗酸化物質を豊富に含み、血管の老化などを予防する効果である。ニンニクやパセリ、ショウガなどの香草類は、体内で発生し血管の老化や生活習慣病の要因となる活性酸素を制御する抗酸化物質を豊富に含む。各国で肉や魚料理に用いられる理由である。

　そして四つ目は減塩、減カロリーを助ける効果である。バニラ、シナモンなどは砂糖とあわせると甘味を強く感じる相乗効果があるため、食品に使用すると砂糖の量を減らすことができる。この効果は製菓で幅広く用いられている。このように、各国料理には香辛料のもつ健康効果が伝統的に取り入れられているのである[6]。

　近年、さまざまな香辛料が簡単に手に入るようになり、香辛料がもつ多くの有益な効果が知られ、さまざまなレシピ本が出版されるようになった。しかし、使われる香辛料は地域によって限られ、その地域の伝統料理で多く利用され続けている。その背景には地理的な理由と香辛料のもつバクテリアや菌類を殺す殺菌作用が影響している。

　米・コーネル大学のポール・シャーマンは、料理に使う香辛料は食品の腐敗や食品によって引き起こされる病気を抑えるこ

とが目的ではないかという仮説を立てて調査を行った。ポール・シャーマンは36ヵ国から93冊のレシピ本を集めて整理し、4,578種の肉料理レシピとそれに使われる香辛料を調べた。その結果、93％のレシピに1種類以上の香辛料が使われていた。レシピに使われる香辛料の数は、その国の年間平均気温が高いほど多いという。フィンランド、ノルウェーではまったく香辛料を加えないレシピが3分の1あるのに対し、エチオピア、ケニヤ、ギリシア、インド、タイではすべてのレシピに一種類以上の香辛料が使われていたという。

統計分析の結果、年間平均気温と、香辛料を使うレシピの比率や香辛料の数は相関し、さらに暑い国で料理に使われる香辛料は細菌の繁殖を抑えるためだということがわかった。結論として料理に香辛料を加えるのは味をよくするためもあるが、食品から腐敗菌や病原菌を除去し、健康を維持し、子孫を残すという点で生物学的な利点をもつ。

次にポール・シャーマンは、2,129種の野菜だけのレシピを分析した。その結果、使われている香辛料は肉料理より少なく暑い国のほうが多いが、肉ほど顕著な差はなかったという。果物や野菜はもともと微生物の繁殖を抑える性質をもつため、香辛料を加える健康上の利点がそれほど大きくないと結論づけられている[9]。

日本料理にも古くから用いられている香辛料がある。代表的なものとしてシソ、ワサビ、ショウガ、サンショウである。しかし1人当たりの消費量でみると欧米の10分の1ほどでしかな

い。江戸時代まで獣肉を食べる習慣が少なかった日本人は、現在でも世界的にみて香辛料の利用量が少ない民族なのである。これは日本の気候や伝統的に食べられてきたものが大きく関係している[10]。

　香辛料が手に入りやすくなり、グローバル化が進み、各国料理を堪能できるようになった現在でも、食文化には見えない境界線がある。食べ慣れた食、懐かしい味を構成する主たるものが香辛料であり、調味料といっても過言ではない。これがその国の料理が口に合う、合わない、また海外に住むと自分の国の食べ物が懐かしいと感じる所以でもある。多様化した社会において、見えない食文化の境界線を知ることは、個々の付き合いのみならず、ビジネスといった広い分野でも無視できない大事な点である。

　（注）自律神経系のひとつ。激しい活動を行っている時に活性化する。そのため、交感神経が優位になると、食欲・睡眠・排せつなどを抑制する。

1-4　発酵食品と地理

　香辛料は、香りのよいあるいは辛味のある植物を使用したものであり、世界各地の食文化をつくる大事な要素であった。一方、人間が手を加えてつくる発酵食品も、気候や土地によってさまざまな特徴があり、これも多様な食文化を理解するうえで欠かせないものである。

第 2 章　多様性社会と食

　発酵とは微生物の働きによって物質が変化し、人間にとって食物に対して有益に作用することをいう。同じような変化をしても人間にとって害になるのを私たちは腐敗と呼ぶ。

　発酵菌^(注)は、発酵中に香り成分や新しい味わい、色、栄養価をつくり出す。それらの成分がとても美味しく、そして健康にもよく、食品の保存性も高まるため、私たち人間は古くから「発酵食品」をつくって摂取してきた。発酵食品の歴史はとても古く、日本をはじめ世界にはさまざまな発酵食品が溢れている。

　日本の食卓に欠かせない醬油、味噌、納豆は日本を代表する発酵食品である。また近年「菌活」がブームとなっているが、甘酒や糠漬けなどの漬物、そして日本酒も発酵を利用した日本の伝統的な発酵食品である。

　醬油の魅力である独特の色・味、香りは、主な原料である大豆・小麦・食塩によって生まれる。蒸した大豆と炒った小麦をほぼ等量混合し、種麴を加えて「麴」をつくる。これを食塩水と一緒にタンクに仕込んで「もろみ」をつくり、撹拌を重ねながら約6〜8ヵ月寝かせる。塩分があっても活動できる麴菌や酵母、乳酸菌などが働いて分解・発酵が進み、さらに熟成されて美味しい醬油ができ上がる[11]。日本では主に大豆を原料とするが、魚や肉を原料とした醬油（魚醬・醬＝ジャン）も日本のみならずアジア圏内でみられる[12]。

　香辛料はアラブや西アジアなど暑い地域ほど、多くの種類が食に用いられていた。しかし、発酵には微生物のはたらきが必要なこともあり、微生物の活動しやすいある程度湿潤で穏やか

な気候の地域のほうが多い。

　また日本や中国のように異なる気候帯を含むような国の場合には、香辛料、発酵食品ともに伝統的に使われている。発酵食品は独特の味や香りをもつこと、また微生物がつくりだしているという理由から、乾燥して粉末にした香辛料と違い、その他の国や地域に輸出するのが難しい。このような点からも、各国や地域独自の食文化を理解するうえでは欠かせない食品である。

　世界の発酵食品を、いくつかみていきたい。日本でもスーパーやレストランで目にする馴染みの発酵食品としては、イタリア料理に欠かせないアンチョビ（イワシを塩漬けにして発酵させた後、オリーブオイルなどと一緒に漬けこんだもの）、ドイツのザワークラウト（千切りにしたキャベツを塩漬けにしてから乳酸発酵させた漬け物）、中国のメンマ（マチクなどのタケノコを乳酸発酵させたもの）、韓国のキムチ（白菜に唐辛子や魚介塩辛を混ぜ発酵させた漬物）、タイ料理で使うナム・プラー（小魚を塩漬けにして発酵させた魚醤）、フィリピンのナタデココ（ココナッツの果汁に酢酸菌をまぜて発酵させたもの）がある。

　その他、独自の匂いで有名なものとして、スウェーデンのシュールストレミングがある。これは世界で一番臭い食べ物と言われており、塩漬けにしたニシンを缶の中でも発酵を続けさせたものである。缶の中でも発酵が進んでいることから、航空機への持ち込みが制限されているため、お土産等で簡単に食べることのできない発酵食品である。

世界で二番目に臭い食べ物として有名な韓国のフォンオフェ。これはガンギエイ（エイの一種）の切り身を壺に入れて発酵させたもので強いアンモニア臭がする。その他にも香港の臭豆腐（納豆菌と酪酸菌によって発酵させた漬け汁に豆腐を漬け込んだもの）などが有名である。

一方、発酵により栄養価が高まる作用を利用したのがカナダ北部のキビヤックである。これは海鳥をアザラシのお腹の中に詰め込んで、土の中で数ヶ月～数年間発酵させたものであるが、野菜のとれない寒い地方でビタミンなどの貴重な補給源として食べられてきた発酵食品である。

このように発酵食品は各地域の気候や生活の知恵が盛り込まれており、食文化を理解するうえで欠かせない食品である。[13]

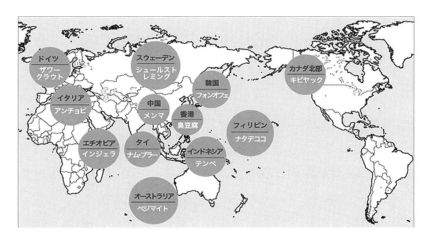

（資料）世界の発酵食品
（出所）一般社団法人日本発酵文化協会

（注）発酵を行う微生物の総称。

2．嗅覚・味覚から考える食文化

2 - 1　嗅覚と風味

　私たちが食べ物を口にしたときに思わず口にする「おいしい」という言葉。このおいしいという感覚は一体どのようにして知覚されているのだろうか。一般的には食べ物の味を舌で感じていると考えられがちだが、実はおいしいと感じる「風味」は嗅覚が重要な役割を果たしている。風味はその80％が匂いによってもたらされている。[14]

　食べ物を口に入れて咀嚼すると、食べ物は唾液と混ざり合い、香気成分が食品から放出される。この香気成分はのどを通って鼻へと移動し、鼻の粘膜に存在する嗅覚受容体を刺激する。この刺激が脳に到達することで、初めて食べ物の香りが感じられる。食べ物を直接鼻で嗅いだときに感じられる香りを鼻中香（たち香）、飲食中に感じる食べ物の香りを口中香（あと香）と呼ぶ（図1）。そのなかでも鼻中香として感じる食べ物の香りの強さや広がり方が食べ物の「おいしさ」や「風味の良さ」を左右する。

　つまり舌は甘い・塩辛い・苦い・酸っぱいという刺激だけしか感じておらず、鼻から食べ物の香りを感じているのである。鼻をつまんで香りを感じられない状態にしてコーヒーを飲んで

第 2 章　多様性社会と食

図1　風味の知覚

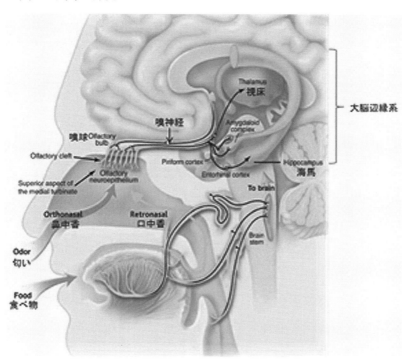

（出所）
https://www.google.co.jp/search?hl=ja&site=imghp&tbm=isch&source=hp&biw=1600&bih=769&q=orthonasal+and+orthonasal&gs_l=img.3.0.0i19k1l3.1644.12732.0.14456.10.6.0.4.4.0.333.968.0j5j0j1.6.0....0...1ac.1.64.img..0.10.1026...0j0i4k1.UAU3R7O1mhI#imgrc=Tz4fCokmbIK0kM%3A
より改変

みてほしい。コーヒーは苦い液体にしか感じられないはずである。また風邪をひいて鼻が詰まった状態では食べ物の風味がわ

からない。これは嗅覚が風味を感じるために重要な役割を果たしている証拠である。

　嗅覚の特徴としては、大脳辺縁系と呼ばれる下等動物にも必ず存在する原始的な機能（食行動・性行動・情動）を司る部位に中枢をもつ。嗅覚以外の五感（視覚・聴覚・味覚・触覚）は大脳新皮質と呼ばれる言語や思考など高次の機能を司り、他の生物よりも人間において最も発達した部位に中枢をもつ。嗅神経は大脳辺縁系にある海馬へも伸びており、匂いと記憶は密接につながっている。

　たとえば焼きそばソースの香りを嗅いだ途端に、子どものころにお祭りの屋台で焼きそばを食べて楽しかった場面を思い出すなど、知っている匂いは瞬時に過去の記憶を引き出し、感情を司る脳中枢の活動を引き起こす特別な力がある。飲食店から漂ってくる食べ物の匂いに誘われるのは、経験的においしいものの匂いであることを知っているからである。

　いろいろな食べ物を口にし、食経験が豊かになればなるほど、脳の海馬に食べ物のもつ香り成分が記憶される。風味に対する強い欲求と乱用薬物に対する強烈な欲求は脳の同じメカニズムを活性化させるとする研究データもある[14]。これらの結果からも、好みの風味をもつ食物には抗しがたい魅力があることが、感覚機能や脳の働きからも説明がつく。

　人は匂いに対して好感や嫌悪感をもつが、この大部分は学習によって決まり、齢を重ねるとともに経験として蓄積されていく。しかし、人にとって不快な匂い（汗や排泄物の匂い）は４〜

6歳ごろまでの学習によって不快と感じるようになるといわれている[15]。食べ物の匂いの嗜好は幼児期からの食習慣や食経験で培われる。

興味深い研究として、ニンジンジュースを毎日飲んだ妊婦と飲まない妊婦から生まれた子どもの調査では、ニンジンジュースを飲んだ妊婦から生まれた子どもはニンジンの味を好むようになったという研究結果がある[16]。またバニリン（バニラの香りの主成分）が含まれた乳児用ミルクで育てられた子どもは、母乳で育てられた子どもに比べて、バニリンが混ぜられたトマトケチャップの風味を、混ぜていないトマトケチャップの風味より好むという研究結果がある[17]。

これらの結果から、すでに胎生期に母親の羊水を介して食べ物の含む香り成分を学習しているといわれている[18]。このように匂いや香りに対する快不快が形成される限界年齢があることを考えると、子どものころからいろいろな食経験をさせることが、多様性を受け入れる素地をつくると考えられる。

2-2 味覚とおいしさ

おいしさを形づくるものとして、味覚（舌で味わう五味）についても少し述べておく。舌の表面にある味蕾の受容体（味となる物質を受け取る場所）に食べ物の分子がつくと、電気信号が味覚神経を通して脳に信号が送られて味が判断される（図2）。前節でも述べたように舌が判断するのは、甘味・苦味・塩味・酸味の四味であり、近年では「うまみ」を入れて五味を舌で感

図2　五味の知覚

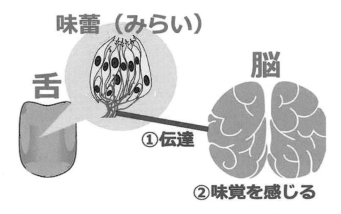

（出所）http://dysgeusia.info/category1/entry48.html

じているといわれる。
（注）

　苦味・酸味は本来生物にとって食べ物の腐敗や毒のサインであり、普通であれば動物は食べることはない。子どもが苦味や酸味の強い食べ物を好まないのは本能的なものと、大人より味覚が敏感であることに起因する。

　しかし、人間は、長い歴史のなかでコーヒーやチョコレート、サワークリームなど、味覚の面からいえば生物学的に毒や腐敗のサインをもつ食べ物も、食べ物に対する飽くなき欲求によりそれを乗り越え、おいしいものとして食べている。

　食べ物のおいしさは、味覚（五味）、その他の味、風味の他に食感・温度・色や外観、さらにそれを食べる場といった環境も含めた多様な情報によって決定される。特に香辛料のもつ味（辛味）・風味（芳香作用）・食味（着色効果）は、おいしさを構

成する要因の多くに影響を与える。これが第1節で述べた香辛料が世界の歴史を動かしてきた理由でもある。

基本味は年齢により感度が落ち、また体調といった生理的な要因で感度が決まる。しかし、カレーの辛さやビールの苦さは経験を重ねることで美味しいと感じるようになる。食品の食べごろを示す色・味・匂いの組み合わせは脳に記憶され、匂いを嗅いだだけでその状態の色を思い出し、逆に色や味が記憶のなかの匂いを思い出させるようになる。このことからもわかるように、おいしさの要因は生活環境から得られる学習効果も感度に大きな影響を及ぼすのである。

また近年では、コーヒーやワインなどの嗜好飲料は味・香り・環境・学習といったおいしさを構成する要素にプラスして、香りによるリラクゼーション効果などの生理活性作用が働くことで、長期の嗜好性がつくり出されると考えられている。[19]

(注) 辛味やえぐ味、渋味のように、味とつくものにはいろいろなものがあるが、たとえば辛味は触覚を介すなど、五味以外の味は味蕾の受容体を介さないため別の扱いとなる。

2-3 食文化の形成

前項で述べた三つの特徴、すなわち、①五感のなかでも嗅覚は記憶や好き嫌いの感情との結びつきが強い感覚であること、②嗅覚を通して感じる風味、これに関係する食べ物の香り成分は、母親の羊水を通して胎生期からすでに学習し始めているこ

と、③匂いに対する快不快は学習によって形成され4～6歳で快不快を感じるようになること、これらのことから、子どもの時に経験した「風味」が人間の食の嗜好をつくるうえでたいへん重要な役割を果たしているといえる。

　親がつくる料理、子どものときに経験した食体験がおいしい味として記憶され引き継がれていく。さらに広げてとらえると、生まれ育った文化のなかで学習した味・風味を魅力的とか美味しいと感じるようになるのである。これが長年かけて蓄積され、形成されたものが「食文化」なのである。

　前節の発酵食品では、世界各地の独自な匂いをもつ食品についていくつか紹介した。これらを食べて育ってきた人にとって、その匂いは臭いものではなく、むしろ「おいしい」につながる風味に入るのである。日本人にとって欠かせない納豆や鰹節。これらの匂いは、子どものころから食べ慣れている日本人は平気、あるいは好ましいと感じるが、食経験がない外国人などにとっては警戒すべき腐敗臭と感じられてしまう。

　これを証明した綾部らによる有名な研究がある[20]。これはドイツ人と日本人を対象として匂いの快・不快を調べたものである。匂いとして用いられたものは、日本人に馴染みのある匂いとして鰹節、ほうじ茶、干し納豆、墨、ヒノキ等。ドイツ人に馴染みのある匂いとしてマジパン、ブルーチーズ、パインウッド、教会で用いるお香等。両者に共通した馴染みのある匂いとしてコーヒー、チョコレート、ピーナッツ等を用いた。その結果、日本人に馴染みのある香りを日本人はドイツ人より快と評価し、

第 2 章 多様性社会と食

図3 日独の匂いに対する快不快の違い

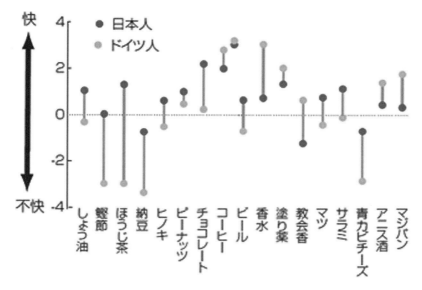

（出所）澁谷達明・市川眞澄編著『匂いと香りの科学』朝倉書店2007

ドイツ人に馴染みのある香りはドイツ人のほうが日本人より快と評価した。また、両者に共通して馴染みのある香りは日本人とドイツ人の間で快不快に差はみられなかったのである（図3）。これがまさに子どものころに慣れ親しんだ風味が食文化の形成、すなわち「おいしい」に関わっていることの証明であるといえる。[14]

2-4 ソウルフード

元来ソウルフード（Soul Food）とは、アフリカ系アメリカ人の伝統料理のことをさすが、現在では慣れ親しんだ郷土料理や

その地域特有の料理をソウルフードと呼ぶこともある。幼少時に食べ親しんだ味・風味は、グローバル化が進み、国境を越える人の移動が激しくなった今日こそ、各人を理解するうえでたいへん重要なものとなってくる。また、食べ物を世界各国に輸出する際にも、この食文化の理解なしに成功はありえない。

　海外に住んでいる日本人にとって欠かせないのが、醬油や味噌であろう。海外で生活をしている日本人にとって、醬油や味噌がどこで買えるかということは切実な問題である。
　第2次世界大戦中に、アメリカ在住の日系人はアメリカで敵性外国人とみなされ拘留され収容所に強制収容させられた。国際赤十字が収容された日本人に援助物資として何が欲しいか確認したところ、それは醬油であったという。
　資料1は、ヘンリー杉本により描かれた『収容所内の同胞への日本からの贈り物』である。収容所に国際赤十字から援助物資が届けられたときの様子が描かれている貴重な史料である。
　当時、海外に移住していた日本人にとっては醬油、味噌といった和食に欠かせない食材はなかなか手に入れることができなかった。日本人にとってソウルフードであるこれらの食材は、日本人が援助物資として希望するほどの日本やふるさとを象徴する味だったのである。わたしたち人間にとって、生まれ育った過程で慣れ親しんだ味がいかに大切かということがわかる。

第2章　多様性社会と食

資料1　『収容所内の同胞への日本からの贈物』
（出所）和歌山市民図書館移民資料室　ヘンリー杉本コレクション
　　　https://www.lib.city.wakayama.wakayama.jp/imin/
　　　framepage-sugimoto.htm

近年、日本食品の海外への輸出が盛んになってきた。日本の醬油の国際化の始まりは、江戸時代である。当時、鎖国時代であったことから、長崎で貿易が許されていたオランダや中国によって中国本土、東南アジアやオランダ本国まで日本の醬油が運ばれた。輸出用の容器は陶器製のコンプラ瓶に、加熱殺菌した醬油を詰め、蠟で封印され、パスチャライゼーション（低温殺菌）が行われていたという。近代細菌学の開祖とされるルイ・パスツールが低温殺菌法を開発する300年以上前に日本では低温殺菌が行われていたのである。[12) 21)]

　明治になってからはキッコーマンが醬油をアメリカに輸出した歴史がある。これはハワイへの移民の船に載せられたものであり、醬油を必要としたのは日本人であった。太平洋戦争勃発で輸出がストップしたが、現在では売上の四分の一を海外が占めている。

　前項で述べた通り、幼少時に馴染みのない風味はなかなか受けつけないため、欧米で馴染みのない味を普及させるにはたいへんな苦労とさまざまな工夫を凝らしたという。アメリカの場合、まずは醬油に馴染みのある日系移民、次に日本で暮らしたことのある外国人を対象として商品の拡大を図った。次にスーパーの店頭プロモーションで醬油を試食してもらい、現地で食される料理に醬油を用いたレシピを配布し使い方を広めるといった具合に、長い時間をかけて現地の人に醬油の味に馴染んでもらう戦略をとった。[22)] まさに現在日本の食品メーカーが現地で馴染みのない味を普及させるため、さまざまな手法を凝らした

第2章　多様性社会と食

成果といえる。

3．文化・民族による食の捉え方

3‐1　資本と文化

　大航海時代に東アジアや新大陸において植民地支配を強めた国々のなかで、イギリス・フランス・オランダは植民地でのプランテーション経営に成功した。それにより香辛料の売買のほかに砂糖や綿織物の原料・綿花を手に入れたことで国力を増していった。またこの時期にプランテーション経営の基盤となる労働力としての奴隷制度が進んだ。それまでは香辛料や宝石といった奢侈品、また地下資源をもつ国々の国力が強かったが（表1）、プランテーション経営による成功はそれまでの国力に大きな変化をもたらした。

　現在では食を、資源・財産・国力と同一にとらえる傾向はアングロサクソン諸国に多くみられる。世界各国にグローバル展開しているマクドナルド、ケンタッキー、スターバックス、コカコーラ、キャドバリーといったファーストフード店や食品・飲料メーカーなどを例にとると理解しやすい。

　世界のどこの国に行ってもお馴染みの店舗を目にし、そしてスーパーマーケットでもお馴染みの炭酸飲料が陳列されている。購入しやすい価格、人間が本能的に好む油脂・砂糖・塩分が多く使われていることから、新しい地域であっても新規参入しや(注1)

73

表1　世界主要各国の実質GDP推移

（単位：100万1990年国際ドル）

国　名	1500年	1600年	1700年	1820年	1870年	1913年
イタリア	11,550	14,410	14,630	22,535	41,814	95,487
フランス	10,912	15,559	21,180	38,434	72,100	144,489
イギリス	2,815	6,007	10,709	36,232	100,179	224,618
スペイン	4,744	7,416	7,893	12,975	22,295	45,686
アメリカ	800	600	527	12,548	98,374	517,383
中　国	61,800	96,000	82,800	228,600	189,740	241,344
インド	60,500	74,250	90,750	111,417	134,882	204,241
日　本	7,700	9,620	15,390	20,739	25,393	71,658
西欧合計	44,345	65,955	83,395	163,722	370,223	906,374
アジア合計（日本を除く）	153,601	206,975	214,117	390,503	396,795	592,584

（出所）榊原英資著『食がわかれば世界経済がわかる』文春文庫　2008

すいという特色をもつ。さらには風味に慣れ親しむ幼少時にその味を繰り返し経験させる戦略により、その後は好んで食べられる商品として定着してきている。

　一方、食を文化や多様性に富むものといった捉え方をする傾向はアジアやラテン地域の国々に多くみられる。その土地独自の食材を使い、手間と時間をかけて料理し、その土地ならではの味を守り続け、健康にも配慮されている。

　伝統料理はもともとこのように多様性に富み、サリエンシー(注2)の高い料理である。4)18)そのため、このような食べ物はそれ以外の国や地域では、本場（本物）の味を口にすることが難しいとい

う独自性をもつ。和食が2013年にユネスコの無形文化遺産に登録されたのはこのような条件を全て満たしているからである。一方、このような伝統的な食文化を経験してみたいと、旅行者が遠路遥々その国や地域を訪れるということも起こることから、このような多様性に富んだ食は観光資源ともなりうるのである。

（注1）人間は食糧を十分に確保できなかった時代が長かったことから、カロリーの高い脂肪分やエネルギーとなる炭水化物を好む。また、体の調子を整えるミネラルを含む塩分も本能として好む。

（注2）脳への刺激強度が高いこと。

3-2 食文化とグローバル化時代

食文化は長い年月をかけてその地域ならではの食材、そして生活を取り込んで形成されてきた。そのため、食文化には各地域の歴史や文化が色濃く残り、多様性に富んでいる。

食文化とは9つの要素から成り立っている。その要素とは、①食材、②献立、③調理法、④食器、⑤食べ方、⑥作法・マナー、⑦食の頻度、⑧摂取する時刻、⑨暦上特別な日には何を食べるのかである。

たとえば日本の場合はどうであろうか。時代や地域、生活スタイルによって違いはあるが、大方、①米、野菜、魚、②米飯と一汁三菜、③焼く・煮る・蒸す・発酵させる、④陶磁器、漆器、ガラス器、⑤茶碗を手でもつ、箸を使う、⑥残さず食べる、⑦1日3食、⑧朝は7時、昼は12時、夜は19時ころ、⑨正月の

お節料理といった具合であろうか。

　グローバル化が進み、日本人が子どもから高齢者まで誰もが海外に行く機会が増えた。また世界各国のさまざまな文化をもつ人々を留学生・ビジネス客・観光客として日本で迎え入れるようになると、各人のもつ食文化の背景を理解することはとても重要なこととなる。自分にとって当たり前の食文化が相手にとってはマナー違反に相当することもあり、気分を害する恐れがあるからである。

　身近な例を挙げると、①食材では、イスラム教徒が豚を忌み嫌って食べないように、宗教によって禁止された食材がある（詳細は本章第4節）⑤食べ方では、インドや中東アフリカのように手を使って食べる地域もあれば、韓国のように食器を持って食べるのはマナー違反の国もある。また、乾杯の際にグラスを合わせる国、合わせない国がある。⑥作法では、日本では麺類を音を立ててすすって食べるが、音を立てることはマナー違反とする国が多い。また、左手を不浄の手とする国では、手を使って食べる際に左手は使わない。また残さず食べることは供された食事の量が足りないことを意味する国もある。⑦食の頻度は、2回のところもあれば、イスラム教のラマダン（断食）月のように、日の出から日没までは食事をせずに日没後に盛大な食事をする時期を有する地域もある。

　日本国内でも地域によってさまざまな食文化があるが、世界の人々が交流するようになると、このような各国や地域、また宗教による特色を知ることは重要である。そして、誰もが日に

何度も経験する食事に関して理解を深めることは、多様性社会において円滑にコミュニケーションを図るうえで非常に重要なことである。

3-3　グローバリゼーションとローカリゼーション

　第1節では味覚がどのように形成されるのか、第2節では日本の醬油メーカーがどのようにして醬油の味を知らない国で市場を広めたかについて述べた。食品メーカーにとってはその国の人口が市場規模に直結することもあり、人口減少の進む日本国内の市場から、新たな市場を開拓すべく海外へ進出する日本企業が増えている。また、和食がユネスコの世界文化遺産に登録されたこと、和食は健康によいという日本食ブームも追い風となっている。

　しかし、第2節で味覚はすでに胎児の時から形成され始めていると記述したように、人間は幼少期に食べ慣れた風味を好み、美味しいと感じる。特に年齢が上がれば上がるほど新規のものを受け入れにくくなるといわれている。そのため、食のグローバル展開にあたり、日本で良いといわれている食べ物でも、そのまま別の地域に輸出して市場を獲得することは難しい。

　海外の日本食レストランのように、日本の本場の味を求めている人をターゲットとした場合は別であるが、スーパーマーケットなどで一般の人が手にとる身近な商品として市場に参入するためには、その地域で好まれる食材や料理方法に合わせて香辛料・調味料を使ってアレンジを行い、その地域に伝統的にあ

る食べ物に合わせるといったローカリゼーション（現地化）(注)がたいへん重要になってくる。そのため食のグローバリゼーションには、相手国の食文化をよく理解し、受け入れられるようにするローカリゼーション戦略が絶対といってよいほど欠かせない[24]。

　第2節で述べたキッコーマン以外にも、海外でいち早くビジネスを始めた味の素は各国の味覚を念入りに調査し独自の販売戦略を行うことで、すでに海外売上高が50％を超えるグローバル企業となっている。日清食品もカップヌードルの風味を地域ごとに変え、麺を汁ありで食べる地域、汁なしで食べる地域に合わせた製品をつくるなど、その国の食文化を研究し尽くした商品を投入することで海外売上高を伸ばしている。また、キッコーマンのように製品自体を変えることが難しい調味料などの食品メーカーであれば、試食を行うことでどのような味か知ってもらうことから始め、相手の国の料理にどのように使ったらよいかわかるようなレシピ本をつくることもたいへん有効となってくる。

　日本メーカーの強みとしては、食文化に類似点があり、人口が多く、成長を続けるアジア市場では受け入れられやすいことが挙げられる。しかし、日本企業はまだまだ日本製・日本ブームといった点に依存しており、ローカリゼーションを徹底して研究し尽くせていない感が否めない[25]。

　また、マレーシア、インドネシアなど、東南アジアにはイスラム教徒が多数派の国も多いため、「ハラル証明」（イスラム法

にのっとって生産された証明）を取得するなど宗教上の制約についても知ることが、食のグローバル化には重要となってくるといえる[26]（後述）。

（注）ある国でつくれた製品を別の国・地域で販売する際、その国の言語・法令・慣習・人々の嗜好に合わせて製品を修正・改定すること。

4．宗教と食

4-1　食の嗜好

「生魚は食べられますか？」

日本に来た外国人をおもてなしする際に、このような言葉をかけた経験のある人はいるのではないだろうか。食事をする相手が外国人でなくとも、接待・デート・忘年会といったさまざまな場面で、私たちは相手の食の嗜好を尋ねることを常日頃から行っている。

このような食の嗜好を、日本人は一般的に好き嫌いや、近年では食材に対するアレルギーについて尋ねていると解釈することが多い。しかし、海外にはさまざまな宗教の人が入り混じった国も多く、食の嗜好（Food Preference）という言葉のなかには宗教による食の制限も含んでいる。また、民族により遺伝的要素で苦手とする食材も存在する。たとえば、牛乳を飲むとお腹がごろごろする乳糖不耐症の日本人は79％いるという。日

本と同様、歴史的に乳製品を摂取する食習慣をもたなかったナイジェリアでは100％が乳糖不耐症だという。一方、歴史的に乳製品を摂取する食習慣をもつスイスでは12％、スウェーデンでは３％しか乳糖不耐症の人はいないという[27]。このように身体的に苦手とする食材への配慮も食の嗜好に含む。もし、あなたが「牛乳は飲めますか？」と聞かれた場合には、これからは食文化・宗教・アレルギー・疾患といったさまざまな面への配慮が含まれていると考えなければならないのである。

4‐2　食の嗜好への対応

　海外旅行をするとき、旅客機内で出される機内食に特別メニューがあることを知っている人は、どれくらいいるであろうか。

　各航空会社のホームページでは前項で述べた食文化・宗教・アレルギー・疾患といった理由で食べられない食材がある人向けの特別メニューの紹介を行っている。たとえばアラブ首長国連邦のエミレーツ航空のサイトをみると、バラエティに富んだメニューが準備されているので紹介する。

　宗教に配慮した食事として、アジア風ベジタリアンミール、ジャイナ教ベジタリアンミール、ヒンズー教ミール、イスラム教ミール。医療または健康に配慮した食事として、ブランド（消化の良い）ミール、低塩分ミール、糖尿病ミール、無乳糖ミール、フルーツミール、ベジタリアンミール、無グルテンミール、卵、乳製品使用ベジタリアンミール、低カロリーミール、低コレステロール／低脂肪ミール。その他特別食として、チャ

イルドミール、シーフードミール、ベビーミール、オリエンタル風ベジタリアンミール、生野菜のベジタリアンミール、ケーキ（誕生日・記念日など）、シャンパン（誕生日・記念日など。ただしサウジアラビアの各都市間を結ぶフライトでは、サービスは行われていない[28]）。

　特別メニューの多さと、多様性へのきめ細やかな対応に驚かれた方も多いのではないだろうか。日本でも最近は、レストランで食べられない食材の有無を聞かれることが増えた。しかし、さまざまな宗教や人種が入り混じった海外では、先に挙げたような旅客機内の食事のみならず、街中のレストランでも食に対する配慮がとられている。誰にでもわかりやすい絵文字（ピクトグラム）を用い、ベジタリアン向けであれば「V」と表記するなど、メニュー上で食についてさまざまな配慮がなされている。自国民の割合が高い日本に住む私たちにとってはなかなか理解しづらい内容ではあるが、今後多様性が進み、さまざまな文化的背景をもつ人と接する際には是非とも理解しておくべき内容である。

　特別メニューに宗教に配慮したメニューが登場したので、次項では世界でも人口の多い宗教について、食の面から理解を深めてみたい。

4-3　イスラム教とハラル

　最近「ハラル」という言葉を耳にしたことのある人が、ずいぶんと増えてきたのではないだろうか。イスラム教徒の訪日観

光客の増加に伴い、日本のメディアでも盛んにとりあげられるようになってきた。イスラム教徒が多く住むのはアジアから北アフリカ、一部ヨーロッパにまたがる地域であり、現在人口の過半数をイスラム教徒が占める国は世界で40ヵ国以上ある。2010年の統計では、イスラム教徒の人口は16.2億人で世界人口の28％を占める。2030年には21.9億人になると推計されている。アジア太平洋地域が10.1億人、中東・北アフリカが3.2億人。国別でみると、インドネシアが最多で2億人、続いてパキスタン1.8億人、インド1.8億人、バングラディシュ1.5億人[29]。これらの国々は人口増加率が大きく、経済発展が著しい地域であることから、海外に行った先でも訪日観光客としても接することが増えるのがイスラム教徒であろう。

　「ハラル」とはアラビア語で「許された、法によって認められた」という意味である。これはシャリア（イスラムの教義に基づく法令）に従って許される物・行為のことを指す。この概念は食事内容、食事の方法、結婚、離婚、遺産相続、身だしなみ、孤児、信仰、犯罪、契約、金融などあらゆることに適用される。イスラム教の求める姿はタクワー（アッラーの罰を恐れ、アッラーに対する感謝や敬意を表し、アッラーのあらゆる教えに従うこと）の高いイスラム教徒になることである。ムスリムは日常生活においてハラルに該当する物・行為を遵守し、疑わしいものに該当する物・行為を避けるのである。国や地域、宗派によりハラルの厳密さは違うものの、これらの概念を理解することは重要である。

第2章　多様性社会と食

　食べることが禁じられた食品としてよく知られているのが、豚とアルコールである。これ以外に禁じられているものとして、麻薬など精神攪乱物質、アラーの名の下に鋭利な刃物で動物の頸部を切り一息で死に至らしめ屠殺されていない動物の肉、血、死肉、肉食・雑食動物、動物に殺された動物などがある。しかし、注意しなければならないのは、禁じられた原料から派生した製品もすべて食べることができないということである。ラード（豚の油）、豚由来のゼラチン、動物脂肪由来の乳化剤、ショートニングなどを避けることはムスリムにとって非常に重要なことである。常にこれらが食品に含まれているかどうか意識して見分けることは難しい。そこで、これらを含まない食品と認められたものに、ハラル認証のマークを付ける取り組みが海外では進んでいる。

資料2　ハラル認証マークの一例（JAKIMによる認証マーク）
（出所）http://www.halal.gov.my/v4/

もう一つ注意すべき点としては、豚肉やその派生品が触れた物も食べてはいけないという点である。そのため、たとえばレストランであれば、調理器具や保管場所、またお皿等も別にすることが求められる[30)][31)]。

　イスラム教徒が豚を食べることを禁じている理由として諸説ある。そのひとつに、豚は衛生面で問題があるという理由がある。マホメットのいた7世紀、中東は暑く伝染病の病原菌の多くが死滅してしまうため他地域より病気に対する抵抗力が低かったことから、伝染病から共同体を守る意味合いがあったという。また別の説として、中東の乾燥した作物の採れない地域では、牛・羊・ヤギといった動物は藁や草といった堅い繊維質のものを食べてミルクをつくるため、昔から重要な食料生産動物であった。穀物や肉といった人間の食べ物を与える必要がないうえに乾燥に強く、水があまりなくても生きられる。しかし、豚は水を好み、暑さに弱く、人間と同じ穀物を食べるため、食糧の少ない砂漠で人間が飼うには適さない生き物であったため避けられたという[32)]。

　また動物の屠殺方法や取扱いを厳格に決めている理由は、動物に苦痛を与えないためである。そのほか食べることを禁じられているものを見ると、健康、清潔、安全、安心を害するものである。宗教で禁じられた食べ物というと、難しいイメージがあるが、その宗教の興きた地域の自然環境や時代背景に想像力を膨らますことで、私たち日本人にも少し理解しやすくなるのではないだろうか。

4-4　その他の宗教

　ユダヤ教徒もイスラム教徒も肉に関する考え方は、非常に似ている。それは旧約聖書までは共有しているという宗教的な背景がある。やはり、これらの宗教が興った中東地域を想像するとわかりやすい。

　ユダヤ教徒はイスラエル、米国、ロシアに多く、世界に1,500万人いる。ユダヤ教徒が食べることを認められた物をコーシャ（米国のユダヤ人による世俗的呼称）、または カシュルート（ヘブライ語）という。コーシャという言葉には、「清浄、適切、妥当」という意味がある。コーシャは旧約聖書に起源をもち、食べてよいもの、食べていけないもの、一緒に食べてはいけないものの組み合わせ、動物の屠殺方法、調理法などに関してこと細かに記述・規定されている。食べてはいけないものとしては豚・豚製品、甲殻類、貝、イカ、タコなどがある。また一緒に食べてはいけないものの組み合わせとして、肉と乳製品がよく知られている。また、イスラム教徒同様に、調理器具・皿・流し・布巾等もコーシャと食べることが禁じられたものでは別々にしなければならない。[33]

　これらを遵守してつくられた料理は「コーシェルフード（コーシャフード）」と呼ばれている。また、コーシャと認められたものには、購入者がわかるようコーシャ認定のマークが付けられ販売されている。

資料3　コーシャ認証マークの一例（Orthodox Unionによる認証マーク）
（出所）https://oukosher.org/

　ヒンズー教徒は主に南アジアに多く、インドでは人口の約8割がヒンズー教徒である。また、近隣のネパールやバングラディシュにも多く、世界で約9億人いるといわれている。ヒンズー教徒は牛を聖なるものと考えており、牛肉を食べない。インドの連邦憲法には、州議会が制定する法律のガイドラインが示されており、そのなかで「牛・子牛・乳様動物・使役動物の殺生」の禁止がうたわれている。

　インドでは紀元前1,800年から紀元前800年までは、たくさん牛が食べられていた。しかし農耕が始まって、インドの気候・土地で最も効率よく働いてくれるのは牛であった。草を食べ、ミルクがとれる効率が高く、病気になりにくい、そして少ないエサで鋤を引いて畑を耕し、糞は燃料や肥料になる。すなわち農耕社会に移行してから、牛がインドでとても貴重な生き物だったのである。[32)][34)]

ヒンズー教徒のなかには鶏・羊を食べる人もいるが、肉類を一切食べない人も多い。またヒンズー教徒のベジタリアンのなかには、動物性食品（肉類、魚介類、乳製品、卵）を一切摂取しない人もいる。また、仏教徒と同様に五葷（ニンニク、ニラ、ラッキョウ、玉ネギ、アサツキ）を避ける厳格なベジタリアンもいる。

ベジタリアンとひと言で表現しても、そのなかには動物性食品を一切摂取しない人から、乳製品のみ摂取が許されている人、魚介類の摂取が許されている人など、さまざまな種類のベジタリアンがいることも理解しておくことが望ましい。また、先に紹介したハラル、コーシャ（カルシュート）同様、特に禁じられた食材に関しては調理器具や皿を別にする必要がある。[33]

5．多様性社会における日本と食

5-1　観光と食

現在、世界では年間11億人以上が海外旅行をする。UNWTO（世界観光機関）による長期予測「Tourism Towards 2030」では、2010年から2030年までの間に、国際観光客到着数は年平均3.3％増加し、2030年には18億人に届くと予測している。新興国の経済水準も年々高まり、以前よりもさまざまな民族・宗教の人が世界各地を移動するようになった。[35]

日本も近年積極的に観光客誘致に取り組んでおり、2015年の

国際観光客到着数は1,973万人（世界16位）、2016年は10月時点で初めて国際観光客到着数が2,000万人を超え、最多記録となる[36]。しかし、日本は国際観光客到着数世界16位でありながら、人口に占める外国人観光客数は8.2％である。国際観光客到着数で世界１位のフランスは、人口に占める外国人観光客数が128.2％である。また、世界のGDPの９％を観光業が占めているが、日本の観光業がGDPで占める割合は2.3％である。もし９％まで増やせた場合は、観光客数が5,600万人で世界４位になると試算されている[37]。

　現在日本を訪れている外国人観光客の78％がアジア圏からであるが、アジアはイスラム教徒、ヒンズー教徒、仏教徒が多く暮らす地域である。そのため、外国人観光客への対応策としてよく耳にする言語表記や、Wi-Fi接続といったハード面のみならず、食文化や宗教といったソフト面の理解と配慮は重要な要素といえる。

　ハラル認証はマレーシアで生まれたものであるが、これは中華系民族とイスラム教徒が混在して生活しているため、イスラム教徒が自分たちの食べられるものを区別するために導入したものである。近年、日本でもハラル認証を取得した食品やレストランが増えつつある。しかし認証の取得となると、時間や経費の面からも容易ではない。また、食品の包装をすべて英語表記にすることも現実的ではない。

　そこで柔軟な対応をとることが望ましいと考えるが、レスト

第 2 章　多様性社会と食

ランではメニューにピクトグラムを用いた使用食材の表記、食品パッケージであれば、豚・牛・アルコールといった主な宗教で食べることが禁じられている食材のピクトグラムを載せることも有効であろう。

　レストランや食品に関する情報配信の面では、レストランを紹介するサイトやアプリも次々と登場している。そのなかでも「ハラルグルメジャパン」(https://www.halalgourmet.jp/ja) はピクトグラムを使用しており、誰でも使いやすいサイトである。[38]

　しかし、禁止された食材から派生した製品には注意を払う必要がある。揚げ油に加えたラード、パンや焼き菓子に加えることがある動物性脂肪由来のショートニングや乳化剤、ゼリーやサプリメントのカプセルに含まれるゼラチンなどである。そして酒類である。日本料理に使われる日本酒やみりんなどもそうである。

　イスラム教徒の訪日観光客の多くが、ユネスコの無形文化遺産に登録された和食を楽しみにしながらも、実際にはどれが食べられるものかわからずに帰国する人が多い。

　食文化や宗教について知ることで、さまざまな文化的背景をもつ外国人観光客に日本の食文化を楽しめる環境を提供できるようになると、さらに訪日観光客の増加にもつながるであろう。[39]

5-2　多様性社会の到来と食

　自国民の占める割合が高く、島国でもある日本は、異文化や宗教に対する心理的抵抗が大きい面がある。しかし前節で述べ

89

た通り、それぞれの地域の歴史や地理的特色を理解することで、異文化や宗教に対する心理的ハードルを少し下げることができる。それにより、これからますます増える外国人観光客ならびに日本に住んで学び、働く外国人に対する理解を高めることにつながるであろう。

　日本の大学数は2014年現在で781大学あるが、2014年現在、ハラルメニューを導入している大学数は25（3.2％）である[40)][41)]。そのため、宗教面での食事の配慮が必要な国からの留学生にとって、日本で学習するには食環境はたいへん不便なものとなっている。また、病院をみるとハラルメニューを導入している病院はキリスト教系の病院以外は片手で数えられるほどしかない。そのため、国内に住むイスラム教徒は病気に対する心配が大きい。医療ツーリズムで成功しているシンガポールやタイといった国では、病院内のフードコートにハラル認定のレストランを含む各国料理をそろえる。院内にはイスラム教の礼拝室、外貨交換所、またビザの発行・延長の手続きが行える窓口なども完備されている[42)][43)]。

　近年、自然災害が日本では多発している。被災した際に宗教面で配慮された非常食がない、あるいは普段手に入れられたハラルの食材が、物流が滞ることで手に入らなくなって困ったといった話を耳にした[44)][45)]。食への配慮を必要とする宗教をもつ人の割合が極端に低い日本では、この話を聞いても「あるものを食べればいい」と思う人が多いのが現状であるのかもしれない。

　しかし、食への配慮とは、外国人だけではなく、私たちの身

近にいる赤ちゃんを抱える母親、高齢者、アレルギーをもつ人などもおり、その人たちへのさまざまな形態の食事を必要とするのと同じように、彼らへの配慮も必要である。

食を通じて、私たちは自分の身近にさまざまな人が暮らし、単一なものの考え方では通用しない多様性の時代がきていることに気づいてもよいのではないだろうか。

おわりに

筆者は以前中東地域に行った際、旅客機でサウジアラビア上空を通過した。サウジアラビアは非常に厳格なイスラム教の国であることから、機内では食事の時間であったにもかかわらず、サウジアラビア上空を通過するまでアルコールのサービスがないという経験をした。日本にいるとなかなか理解が難しいことであるが、宗教と食は海外では最も配慮すべき事柄のひとつでもある。

そして現在、日本国内では人口減少と労働人口減少に伴い、働き方のあり方や女性の社会進出、外国人労働者の受け入れについてさまざまな議論がなされている。以前から多様性の必要性が叫ばれつつも、日本人男性中心の均一化した社会を押し通してきたことが、深刻な社会問題になるまで対応をとらなかった理由の一つではないだろうか。身近な「食」を通して社会が多様性のうえに成り立っていることに各々が気づくことが、日本国内で起きる身近な問題を解決するとともに、グローバル化

が進む現代社会を生き抜くための重要なカギとなるのではないだろうか。

【参考文献】
1）人類進化の700万年、三井誠著、講談社現代新書、2005
2）メソポタミア文明入門、中田一郎著、岩波ジュニア新書、2007
3）古代エジプトの食：食べ物をめぐる暮らし、吉村作治のエジプトピア
http://www.egypt.co.jp/?page_id=1871
4）食がわかれば世界経済がわかる、榊原英資著、文春文庫、2008
5）食材健康大辞典、五味紀春監修、時事通信社、2005
6）スパイスのサイエンスPart 2、武政三男、文園社、2002
7）歴史の中のスパイス、ハウス食品
https://housefoods.jp/activity/shokuiku/taiken/spice-world/history.html
8）香辛料の世界史、リュシアン・ギュイヨ著、池崎一郎、平山弓月、八木尚子翻訳、白水社、1987
9）Billing J, Sherman PW Antimicrobial functions of Spices: why some like it hotio Rev Biol.73（1), 3-49, 1998
10）匂いの人類学　鼻は知っている、エイヴリー・ギルバート著・勅使河原まゆみ訳、ランダムハウス講談社、2009
11）人間はこんなものを食べてきた　小泉武夫の食文化ワンダーランド、小泉武夫、日経ビジネス人文庫、2004
12）しょうゆの歴史、醤油情報センター
https://www.soysauce.or.jp/rekishi/index.html

13) 世界の発酵食品、一般社団法人日本発酵文化協会
http://hakkou.or.jp/static_pages/hakkou
14) 最新脳科学でわかった五感の驚異、ローレンス・D・ローゼンブラム著・斎藤慎子訳、講談社、2011
15) においオブジェクトを学ぶ（神経生物学から行動科学が示すにおいの知覚）、ドナルド・A・ウィルソン、リチャード・J・スティーブンソン著、鈴木まや、柾木隆寿 監訳、フレグランスジャーナル社、2012
16) Julie A Mennella: Development of food preference: Lessons learned from longintudal and experimental studies: Food Qual Prefer, 17 (7-8), 635-637, 2006
17) The influence of Early Experince with Vanillin on R.Haller et al, Food Preference Later in Life Chem. Senses24 (4), 465-467, 1999
18) 美味しさの脳科学　においは味わいを決めている、ゴードン・M・シェファード著・小松淳子訳、インターシフト、2014
19) おいしさを科学する　匂い、ニッスイ
http://www.nissui.co.jp/academy/taste/07/index.html
20) Differences in Perception of Everdy Oders: a Japanese-S.Ayabe-kanamura et al, Gorman Cross-caltural Study: Chen Senses23=31-38, 1998
21) Food Watch Japan
Foodwatchjapan.jp/secondary-inds/soybeanclmn/10440
22) キッコーマンのグローバル経営―日本の食文化を世界に、茂木友三郎著、生産性出版、2007
23) 人類の食文化（講座 食の文化）第一巻、石毛直道監修・吉田集而編集、味の素食の文化センター、1998
24) 平成24年度東アジア食品産業海外展開支援事業、中国食文

化圏、有望食消費圏発見に向けた調査、電通総研、2013
http://www.maff.go.jp/j/shokusan/kaigai/pdf/h25dentsuall.pdf

25）日本食・食文化の海外普及について、農林水産省、2014
http://www.maff.go.jp/j/keikaku/syokubunka/kaigai/pdf/shoku_fukyu.pdf

26）イスラム市場を取り込め、～東南アジアのイスラム市場における訪日観光客誘致と日本産食品の販路開拓の可能性～、自治体国際化フォーラム
http://www.clair.or.jp/j/forum/forum/pdf_292/04_sp.pdf

27）食と健康を地理からみると―地域・食性・食文化、島田彰夫、人間選書、1988

28）エミレーツ航空、特別食
https://www.emirates.com/jp/japanese/plan_book/essential_information/dietary_requirements.aspx

29）「特集　ハラール　イスラム16億人市場を視野に」、ジェトロセンサー2014年10月号、ジェトロ編

30）「ハラル市場でのビジネスチャンスを探る―日本のハラル認証と世界各国のハラル認証―」サイード・アクター、食品と開発Vol. 49, No. 1, pp.75-77, 2014, UBMメディア株式会社

31）ハラルマーケットがよくわかる本、ハラルマーケット・チャレンジ・プロジェクト著、総合法令出版、2013

32）食と文化の謎、マーヴィン・ハリス著・板橋作美訳、岩波現代文庫、2001

33）多様な食文化・食習慣を有する外国人客への対応マニュアル、国土交通省
https://www.mlit.go.jp/common/000059331.pdf

34）インドの牛を考える、Nakajima Consultancy Services

LLP
http://nakajimaconsultancy.jp/%E3%82%A4%E3%83%B3%E3%83%89%E3%81%AE%E7%89%9B%E3%82%92%E8%80%83%E3%81%88%E3%82%8B/

35) UNWTO Tourism Highlights, 2016 Edition (Japanese Version)
http://www.e-unwto.org/doi/pdf/10.18111/9789284418367

36) 訪日外客数（2016年11月推計値）、日本政府観光局
http://www.jnto.go.jp/jpn/news/press_releases/pdf/161221monthly.pdf

37) 新・観光立国論、デービッド・アトキンソン著、東洋経済新報社、2015

38) 「ハラルで安心レストラン検索　おもてなしにも活用」、日経新聞、2016年3月31日
http://www.nikkei.com/article/DGKKZO99050750Q6A330C1NZ1P00/

39) 「地域のビジネスとして発展するインバウンド観光」―日本型DMOによる「マーケティング」と「観光品質向上」に向けて―、日本政策投資銀行、株式会社日本経済研究所、2013年3月
http://www.dbj.jp/pdf/investigate/etc/pdf/book1303_02.pdf

40) 文部科学統計要覧、平成28年版、文部科学省
http://www.mext.go.jp/b_menu/toukei/002/002b/1368900.htm

41) ハラルメニューの提供について、全国大学生活協同組合連合会
http://www.univcoop.or.jp/service/food/halal.html

42) バムルンラードインターナショナル病院
　　https://www.bumrungrad.com/Japanese
43) ムスリム教徒7割が「病気が不安」　国内のハラル対応病院は「キリスト教病院」のみの実情、産経West、2014年8月11日
　　http://www.sankei.com/west/news/140811/wst1408110026-n1.html
44)「熊本、被災外国人が苦悩　言葉の壁で情報得にくく」、日経新聞、2016年5月2日
　　http://www.nikkei.com/article/DGXLASDG02H0R_S6A500C1CC0000/
45)「被災地の外国人はたいへん？イスラム教徒の男性、おにぎりの中身聞けず！」情報速報ドットコム、2016年5月10日
　　http://saigaijyouhou.com/blog-entry-11418.html

第3章 多様性社会と情報

第 3 章　多様性社会と情報

1．電子書籍

　電子書籍とは、紙とインクを利用した印刷物ではなく、文字、記号、図画に加え、音声、動画を、金属、樹脂、磁性体等の素材に、電磁的、または、レーザー光等で記録した情報や、ネットワークで流通させた情報をいう。最初の電子書籍用リーダーは1990年に発売された 8 cmCD-ROMを記録メディアに使った日本のソニー製電子ブックプレイヤー「データディスクマン」である。

　近年、電子書籍の普及により国内では書店数減少が加速するという指摘がなされた時期があったが、日本における人口構成比率をみると必然的に地方都市から順次商店街が消滅（書店）していき生産年齢人口が減少する。資料 1 を見ると、書店数減少が電子書籍と直接的に関連性がないことが判別できる。

　市場が縮小すれば、出版物の売上額も大幅に減額していくのは当然である。アマゾン・ジャパンのネット書店の売上げは、2011年度1,920億円前年比23.1％増であり、アマゾンと直取引契約している出版社が1,460社以上になり、ネット書店の売上げ増加が書店経営に影響を与えている[1]。ネット書店の顧客は首都圏 4 県に集中している。次が大阪・神戸・京都を中心とした関西圏である。電子書籍を普及させるためには規格の統一が非常に重要であることはいうまでもない。

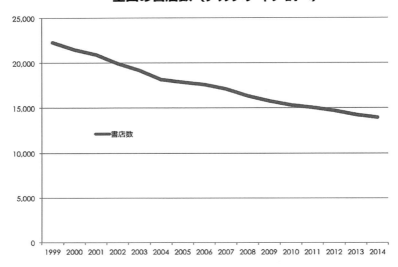

資料1　「全国の書店数」アルメディア調査資料から引用

　ケータイ小説がブームとなり特に毎日少しずつ公開されていくという今までにないスタイルの出版は、ひとつの文芸ジャンルを構築したといえる。ランキングや口コミなどによる評価も賑わい、多くの作品が公開され読者層は中高生も多く、携帯小説大賞などを出版社が提供し話題を集めた。

　ケータイ小説もセルフパブリッシングであるが、ほとんどの作品は無料で提供されており、かつ当時のケータイメールの影響下にあったため、短文や主観的な文章表現が多くみられた。さらに小さいケータイ画面で読むことを余儀なくされ、かつ機能的な制限もありデバイスの影響が大きかった。

　同時期に自分で本を断裁し、スキャナーで読み取ってデジタ

ル化する「ジスイ＝自炊」が広がった。もともと自分自身でアナログ原稿をデジタルな世界へ吸い込む行為ということで「自炊」と呼ばれてきた経緯がある。著作権法上では30条1項の適用可能性において複製を行えるのは使用する者自身とされている。したがって急増した「自炊」代行業者の行為については訴訟において著作権侵害を認めることとなった。

「EPUB」（イーパブ）は、電子書籍の規格の一つであり、米国の電子書籍の標準化団体の一つである国際電子出版フォーラム（International Digital Publishing Forum, IDPF）が普及促進している公開された仕様の電子書籍用ファイル・フォーマット規格である。

電子書籍の普及のためには規格の統一が重要であることはいうまでもないが、ワードで作成した文書をEPUBに変換すると図表が明示されず崩れたり、日本語の表記が正確になされず結局修正に手間がかかるという問題がある。

財・サービスを購入する場合、通常は内容を事前に評価できうるが、情報の買い手は内容そのものが評価の対象であるため、事前評価が困難である。したがって、情報所有者の信用が情報の価値を評価する前提となり電子書籍の場合、レビューが評価を担保することになる。米国は、日本と比較して各レビュー数が多いことからも読者のレビューに対する意識が違うことがわかる。ちなみに以下の資料2は、米国アマゾンで販売されている「Gone Girl」だが、レビュー数をみると約43,000と膨大な数になっていることがわかる。

資料2 「Gone Girl」amazon.com

　電子書籍についてはインプレス調査によれば、16年度の市場規模は前年度比25％増の2,280億円、20年度には3,480億円になると予測されており、数字をみる限り順調な伸びといえる。ただこの内訳はジャンル的には漫画が多く、さらにいえば紙の書籍と同時に出版されているケースがほとんどで、ボーンデジタルといわれる後述するセルフパブリッシング作品は国内では少ない。

　筆者が論じているのは、セルフパブリッシングは革新的であるが、紙書籍をそのままの形態で電子書籍にしても縮小する出版市場の活性化は見込めないということである。
　アマゾンが試験的に（本格的に）開始しているページ数ごとの課金については、紙書籍では行うことのできない仕組みである。書店で購入した書籍が、仮に面白くなくても読み終えたら自宅で放置されるか中古で売りに出される（10円程度か価格が

つかない例が多い）かが、その本の運命になる。

　しかし、読まれたページ数ごとの課金であれば内容を質が高い作品にしようとするインセンティブが働く。自己出版では作品の質が下がるという指摘が多いが、こうした新しい課金制度の導入で質の高い作品が登場することが予想できる。また有料で月に980円でストア内のすべての本が読み放題となるサービスをアマゾンが実施している。購買のほとんどを会員制にして進めていくことで、経常利益を上昇させるマネジメントと思われる。

　2017年に、米国でコンビニエンスストアやスーパーストア事業へ、アマゾンは本格参入する。そしてスマートフォンで本人認証し、レジなしで店から退出できる画期的な方法で、レジに関わる人件費、決済に関するコストカットを行って価格に反映させ、「アマゾンコイン」などの企業電子マネーを無店舗と店舗型で共用できるようにすることで、経営戦略を進めることが予想される。

　電子書籍普及の主な阻害要因をあげてみると、以下3点に集約される。
　①提供されるコンテンツの魅力や価格、②読むための端末、③プラットフォームの持続可能性。
　①についていえば「アマゾンキンドルストア（Amazon kindle store）」は、他のプラットフォームと比較して在庫数が多く、無料本の数にいたっては他を圧倒する。さらに後の項で述べる

セルフパブリッシングという他のプラットフォームにはないサービスを提供している。いまだにセルフパブリッシングを自費出版代行業ととらえて記述している人が多いが、これはまったく別のビジネスモデルである。

②については他社製品を圧倒するパフォーマンスをキンドルはもっており、PCで購入してもキンドルで読むことが可能であり、他の端末でもキンドルのアプリを利用することで可能になっている。

③は運営する企業の規模などを比較すれば、すべての電子書籍プラットフォームのなかで突出していることはいうまでもない。

上述した理由により数多くある電子書籍プラットフォーム乱立の時代から、すでに淘汰の時代に入りつつあるといえよう。淘汰するその中心的な役割を果たすのは、アマゾンキンドルストアであると考えられる。

1-1 自費出版

書籍を中心とする多くの自費出版物は、「出版取次[2]」と呼ばれる流通仲介業者を通して書店で販売される通常の商業出版物とは異なり、市場での販売による収益が期待できない。このため、既成の出版社では出版を引き受けてくれないことなどから、印刷会社などが直接その製造を個人から請け負う形が一般的だった。

しかし、主として1990年以降、自費出版を行う個人の増加や

出版不況などを背景として、自費出版を専門に行う出版社や商業出版と同時に自費出版も請け負う出版社が増加した。2000年以降には、書店と直接契約するなどで「書店販売を行う」ことをセールスポイントとして大手新聞などで著者を募集する「共同出版型」の手法や、同じく大手新聞などで出版賞募集をPRし入賞作品を自費出版に誘導する「出版賞型」の手法が登場してきた。また、著者に対して作家となるためには新人賞よりもとにかく書籍を発売した実績をつくることが早道であるなどという形で宣伝・勧誘を繰り広げるものも少なくない。

　商業出版は出版に際しての赤字になる可能性も含めたすべてのリスクを出版社側が負い、営業的努力により売り上げから収益を上げるのに対して、自費出版は、出版したいという著者から料金を受け取り、本を刊行することで収益を上げるという、根本から異なるビジネスモデルによって成立している。よって、自費出版の書籍が大きな部数を売り上げることは極めてまれである。

　発行部数が多くなれば出版費用も多額に上るため、出版の目的（趣味・実益）とコストとの兼ね合いを熟慮する必要があるし、さらに商業ルートに乗せる場合は、その出版社が信頼できるか・売れる見込みがあるか・営業力があるか、などを精査して検討する必要がある。過去には自費出版系出版社が著者に高額の費用を支払わせておいて、契約通りの営業活動を行わず、結果、本が書店にほとんど出回らずにトラブルとなったケースも存在する。

なお、出版物自体に自費出版の本と商業出版の本が区別できる違いがあるわけではない。出版にかかる費用と責任を著者が負うか、出版社が負うかという違いで「自費出版」「商業出版」あるいはその中間の「共同出版」などと呼ばれる（近年は、商業ルートに乗せる場合、原則としてISBN―International Standard Book Number＝国際標準図書番号のこと―が必要なため、多くの場合はこれで見分けることができる。ただし、共同出版の場合や、自費出版でも費用を負担すれば可能なため、確実な見分け方ではない）。

さて次の節では、セルフパブリッシングについて記す。

1-2　セルフパブリッシング

アマゾンのキンドルストアでは、プロ小説家とアマ小説家を並列化させるという特徴がある。購入部数によってジャンル別にランキング表記され、購入者はその履歴情報から同様にアマチュアの小説家でも新刊をアップロードすればその情報が購入者のサイトに反映される。レビューの閲覧や無料での数ページ購入が可能であるため、セルフパブリッシングによる作品数の増加がその質の低下に直結し、市場への信頼を損ねるという意見はあたらない。

自分の出版物レビューを著者自身は書くことができず、いわゆる自己出版の自己評価は不可能になっている。結果的に質の低い商品は淘汰される。アマゾンキンドルストアでの出版は規約に沿った形式で契約を交わす必要があり、簡易的なものであ

第3章　多様性社会と情報

っても審査があるので一定の基準で書かれたものがセルフパブリッシングで出版されるといえる。

データ容量で電子書籍を考えると、コミックスは最低でも30MB、大きいもので50MB以上あり、漫画1冊当たり50MBで計算した場合、2012年キンドルモデルでは24冊、2013年モデルでは62冊が端末に保存可能であった。たとえば小説では500冊でも可能だが、漫画や写真集は無理ということになる。したがって有料のクラウドサービスが共存しなければ、ビジネスモデルとしての成立は難しいといえる。

筆者のゼミでは海外視察を毎年実施しており、参加学生が書いたレポートを集約して「澁澤ゼミ海外視察報告書」（資料3）としてアマゾンキンドルストアで出版している。通常、この手の報告集の出版を担当する出版社はなく、まさにセルフパブリッシングの可能性をあらわした事例であろう。ちなみにこの報告書は2年連続アマゾンKDPランキング教育部門で第1位を記録している。ゼミナールにおいて情報化による変化を自ら体感できる機会は学生を大きく成長させる。

こうしたプログラムは、アクティブラーニングの一環であるといえる。（資料4）は、米国アマゾンドットコムで出版した小説（英文）である。筆者の書き下ろした小説の英訳をゼミに所属する学生が翻訳を行い、米国で電子出版を行った。

資料3　2016年澁澤ゼミ海外視察報告書

資料4　アマゾン（米国）での電子出版（英文）

　出版物を朗読した音声コンテンツを販売するオーディオブックは、かつてはカセットテープやCDといったパッケージメディアであったが、インターネット上でダウンロードする形式も出現している。オーディオブックの市場規模は日本では10億円程度といわれているが、米国では2010年（全米オーディオブック協会）のセルマーケットで1,167億円、ダウンロードマーケット市場で692億円と大きな市場を形成してきたが、キンドルの普及でこの状況は大きな変化をみせている。[3]

オーディオブックは、声優らが朗読して録音するためにコストも時間もかかるが、TTS（Text to speech）は、低価格・短時間での音声変換が可能である。電子書籍以外でも文章の校正やレシピなどさまざまな応用が期待されてきた。

　児童への絵本読み上げや小説の読み上げは、機械音声によるオーディオブック化では臨場感に欠け、教育上の効果が減少する。米国アマゾンでは上記にあげた声優をプロデューサーと称し、登録を行ってオーディオブック化サービスを行っている。報酬はセルフパブリッシング同様、売り上げた著作物からの印税を配分する方式をとっており、原作者自らの声でオーディオブック化を行う例もみることができる。音声をテキスト化するソフトやアプリを利用すること、視覚障がいのある方でも出版は可能になる。

　電子書籍は読み上げ機能を使うことができるため、利用者に優しいといえるが情報の発信者という立場にとってもそのハードルを下げる効果が十分に期待できる。

　高齢化が急速に進展する日本、特に地方の過疎化が進む地域では読書への需要は高いと思われるが、書店数の減少や体力的な課題から本に触れる機会が失われてきている。電子書籍化を進めることが遅れれば遅れるほど知的財産の利用の機会損失が増え、さらに消費者の便益を低下させる。費用便益という側面からセルフパブリッシングを分析すれば、経済的効率と財務的効率の両方をプラスに導くことが想定できる。

セルフパブリッシングの価格決定権は著者側にあり、無料での出版も行える（もちろん一定の制限はある）。無料で出版することでの広告効果や、そもそも無報酬で出版する希望者にとっても有効な手立てを提供する。アマゾンでのセルフパブリッシングは、すでに海外50ヵ国以上での出版が可能だが課題のひとつは言語である。しかし翻訳についても上記にあげた翻訳家やあるいは翻訳を行いたいと希望する人を登録し、販売した作品からの印税で報酬を支払う方式でコストをかけずに翻訳本の出版が可能である。

　国内では楽天も2014年12月からセルフパブリッシングを開始している。他の電子書籍プラットフォームでも導入の検討を始めている。しかしながらアマゾンがキンドルストアで展開しているモデルは米国で開始してからすでに6年目に入っており、多くの課題を解決しながら進化しており、国内企業が展開する手法はアマゾンに対抗できるような先見性やアイデアが乏しく将来を見据えたものとはいいがたい。

　アマゾンは、2016年11月1日から2017年3月末を期限として原作開発プロジェクトを開始している。これはKDP（キンドルダイレクトパブリッシング）で出版している作家を対象に公募を行って優勝作品は、映像化を検討し有料配信サイトにおいて公開するというものだ。芥川賞作家の又吉直樹氏（吉本興行所属タレント）の『火花』は映画館やTVではなく、「ネットフリックス」で公開され反響を呼んだ。

　ネットフリックスは世界で登録会員数がすでに1億人を超え

第 3 章　多様性社会と情報

資料 5　アマゾン書店（以下サイトより）
https://www.amazon.com/gp/browse.html/ref=pe_2270130_
　154133930_pe_button/?node=13270229011

ており、放映時間やCMに制約されないモデルは徐々に既存メディアに影響を与えている。それはたとえばテレビ朝日とサイバーエージェントによる「abemaTV」や日本テレビの「hulu」買収をみれば理解できる。

　アマゾンの基本ビジネスモデルは無店舗型経営といわれるが、書店も店舗として米国でオープンしている（資料 5 参照）。店舗内には顧客からの投書箱、いわゆる目安箱が設置されるなど顧客のサービスに積極的な姿勢が見分される。

　アマゾンの経営戦略はむしろ出版事業に限らず既得権益に安住している企業群を狙い撃ちにしているという指摘があるが、それはある意味、的を射ていない。

　新規市場に参入し、個人情報を効果的に利用しながら他企業を駆逐することは経営戦略のひとつである。それは書籍事業に限らず、2017年にオープンするレジなしのコンビニエンスストアにもみてとれる。経済学的にみればある意味古典的な競争原

理で市場競争を進めており、むしろ消費者には恩恵を与える点も多い。

2020年までには試験的に飛行船を飛ばして空中倉庫とし、ドローンで注文者へ空中配送するプランを準備するなど（すでに特許申請済み）革新的なアイデアの実現を続けられることが素晴らしい。

筆者は、アマゾンが米国でセルフパブリッシングを開始した年に米国アマゾンで電子書籍を出版した。現在、電子書籍先進国、特にセルフパブリッシング先進国である米国での現況は、オーサーアーニングス（Author Earnings）の調査資料で把握できる。たとえば資料6〜8によれば、BIG5と呼ばれる大手出版社は販売部数でのシェアを大きく下落させ、代わりにセルフパブリッシング作品がシェアを伸ばしていることが示されている。

しかし日本では、電子書籍の販売についても漫画が大きくその割合を占めており、セルフパブリッシング作品の販売数やベストセラー作品は非常に少ない。現在、日本の企業が国内で展開するセルフパブリッシング作品の公開モデルでは、無料で作品を世界に販売できるものは存在しない。

アマゾンは今後、途上国でこうした事業展開を行えば、教科書購入が経済的に不可能な地域でも電子教科書をスマートフォンなどのデバイスで利用できる。こうした試みは途上国や貧民地域の劣悪な教育環境を劇的に変更できる可能性がある。残念

第 3 章　多様性社会と情報

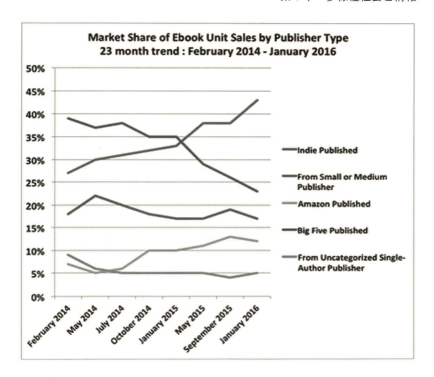

資料 6　電子書籍のマーケットシェア（出所：Author Earnings）

ながらこうした多様性社会へアプローチするのは、既存の出版事業では不可能であることはいうまでもない。

　余談であるがアフリカでは、近年スマートフォンの普及が著しい。こうしたことからデバイスを教育に利用できる環境は急速に整いつつある。キンドルアプリをダウンロードし、提供された教育用コンテンツを学習教材として利用する。企業のCSR（社会的活動）や個人のボランティアなどによるコンテンツの制作によって教室は様変わりする。紙の教科書は必要ではなくな

資料7　電子書籍の点数（出所：Author Earnings）

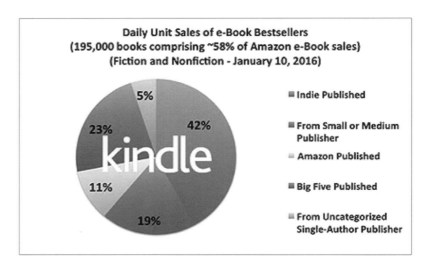

資料8　電子書籍のベストセラー（出所：Author Earnings）

り、動画や画像を利用した「ICT（Information and Communication Technology）教育」を低コストで提供できるようになる。ノートとしてもデバイスが使えるので、紙のノートは不要になり、黒板やチョーク購入の必要もなくなる。

1-3　電子図書館

　電子図書館とは、インターネットを利用して、図書館の所蔵する本のデータベースにアクセスしたり、電子化された本を参照したりできる図書館のことである。家に居ながらにして図書館を利用できる画期的なシステムである。図書館の歴史は古く、紀元前から存在しているが、本の貸し出しだけでなく公文書館、博物館に相当する機能も併せもっていた。図書館で電子書籍を貸し出すメリットとして、次の4点が挙げられる。
　①所蔵スペースの節約
　②資料組織化・維持管理にかかる手間・コストの軽減
　③アクセシビリティの充実
　④非来館で24時間の利用が可能
　今まで紙の本で本棚に収容していたぶんが電子書籍になることで、収蔵スペースはかなり節約できるだろう。利用者視点で考えても、本を探す手間が省けるのでかなり効率性が上がる。インターネットに接続できればどこにいても24時間貸し出しが可能であり、貸し出された電子書籍は期限が過ぎると自動的に返却される。紙の本は返却された本を図書館スタッフが元の場所に戻さなければならず、そのぶんの負担が電子書籍を導入す

ることで軽減される。また、アクセシビリティの充実は公共図書館において、大きな役割をもつ。電子書籍は文字拡大や音声読み上げ機能、色の反転などさまざまな機能があり、アクセシビリティの面ではとても充実している。

　米国では、90％以上の公共図書館で電子図書館が導入されており、出版社も書籍の電子化には積極的に取り組んでいる。新刊が紙の書店で販売されるのとほとんど同じタイミングで、電子図書館での貸し出しが可能になることもあるのだ。

　全米で電子書籍貸し出しサービスを契約している図書館のうち95％以上で導入されているOver drive社のシステムでは、書籍タイトルの横に「Buy it Now（今すぐ購入）」ボタンが実装されている。これにより電子図書館で本が貸し出し中の場合や、実際に読んでみて気に入った場合にすぐ購入することができる。Over drive社のデータでは、電子書籍貸し出しサービスで本を借りたうちの40％の人が同じタイトルを購入したことが判明している。そういった点からも、米国では電子図書館による書籍の販促効果が認められつつあり、現在ではすべての出版社がOver drive社に書籍データを提供している。

　紙の本をそのままの状態で読むことができない人は多く存在し、国際的にプリントディスアビリティ（PD）のある人と呼ばれている。具体的には視覚障がい者だけでなく、ページをめくることのできない上肢障がいのある肢体障がい者、ディスレクシア[4]のある学習障がい者、知的障がい者が含まれる。また、加

第3章　多様性社会と情報

齢に伴って視覚機能や認知機能が低下した高齢者もPDのある人といえる。

　日本の障がい者の人口は身体障がい者が393.7万人、知的障がい者が74.1万人、精神障がい者が320.1万人である。あわせると787.9万人であり、日本の人口の6％にあたる。少子高齢化社会の現状を踏まえると、PDのある人の割合は今後も増加していくと考えられる。

　PDのある人に対して電子書籍は「文字拡大」や「音声読み上げ機能」、「色の反転」などさまざまな機能を備えている。電子図書館を導入することにより、身体が不自由で直接図書館に行くことができない人や、目が不自由な人にもサービスを提供することができるのである。

　2017年4月に開設する東洋大学情報連携学部の赤羽台キャンパス（仮称）では、紙のない図書館として書籍の貸出をすべて電子書籍にし、代わりに「メディアセンター」を設置する予定である。「メディアセンター」では実習やレポートの作成、コミュニケーションをとるミーティングスペースとしての役割が期待されている。

　大学図書館は学ぶ場としての役割が高いので、本の収蔵スペースだけでなく、自習スペースやミーティングのスペースも確保しなければならない。紙の本を置かずに電子図書館を設置することでこれまでの本棚のスペースを有効活用できるのだ。

　利用者は大学利用者なので、比較的年齢が若いぶん図書館の

電子化に対しても難なく対応できる。大学図書館は、公共図書館に比べてシステムや運用の変更がしやすい。時代に合わせて東洋大学のように、図書館のスタイルは柔軟に変えていくべきである。

2．多様性社会のコミュニケーション

2-1　SNS

　IT革命という言葉がもてはやされた時代からICT、IoT (Internet of Things) と、真ん中に入るアルファベットが変更されるだけで社会変化にさほど実感がわかないという意見も多い。ITは今までの日本型規制社会にインパクトを与え、意味のない規制を撤廃させるパワーになった。しかしながら"ガラパゴス携帯"からスマートフォンへの移行というグローバルな視点で相変わらず既得権に縛られた狭い了見での経営戦略をとったため、現在では日本人の大多数がもつスマートフォンは米国のモデルになっている。

　情報化に成功した企業は、合理的な経営戦略を使って他企業を駆逐する。企業内における従来の日本型モデルは旧型モデルと揶揄され、人間関係はもとよりフロアの形態も大きく変化した。全社員がネットワークに繋がることが義務づけられ、メールやSNSで迅速なコミュニケーションをとることを強要される。それまではなかった情報の共有という概念が企業の経営戦

第3章　多様性社会と情報

My name is Bana, I'm 7 years old. I am talking to the world now live from East #Aleppo. This is my last moment to either live or die. - Bana
2016年12月13日 18:06
45,170　36,229

私の名前はバナ、7歳です。今、私はアレッポ東部から世界に語りかけています。死ぬか生きるか、最後の局面です。——バナ

資料9　アレッポからのツイート

略に組み込まれる。結果として稟議システムやコミュニケーションをとるための企業研修、旅行会、運動会、飲み会などは減少するという指摘もあった。

　SNSの普及は著しいが、いまや情報発信の主役となっている。ホームページ、ブログ、掲示板で見ることのできる情報は、従来は文字情報が中心であったが、SNSで流される情報は動画とも連動しているものが多く、より視聴者に与える効果が大きい。

　規制のない情報発信の場が世界の主役となることは、イスラム国（IS）にみることができる野蛮でショッキングな動画投稿は世界中に悪影響を与えていることからも危惧されている。また、考えを異にするものに対して敵意を煽り、若者をターゲットに過激集団に参加を募るなどしている。

　一方で資料9のツイッターのようにシリア・アレッポから現況を伝える役割も果たしている。シリア・アレッポでの取材は危険度があまりにも高くなり既存のメディアが入らなくなった

（2016年12月13日現在）が、SNSによって市民から戦闘の現況が世界に発信され衝撃を与えた。

　現在、ツイッターは、月間アクティブユーザー数が世界で約３億2,000万人、日本国内では約3,500万人と報告されているが、単純計算で日本人の４人に１人はツイッターの利用者であるといえる。

　SNSは、広義には、社会的ネットワークの構築のできるサービスやウェブサイトであり、狭義には、ソーシャル・ネットワーキング・サービスとは人と人とのつながりを促進・サポートする「コミュニティ型の会員制のサービス」と定義される。

　Twitter社自身は、「社会的な要素を備えたコミュニケーションネットワーク」（通信網）であると規定し、SNSではないとしている。

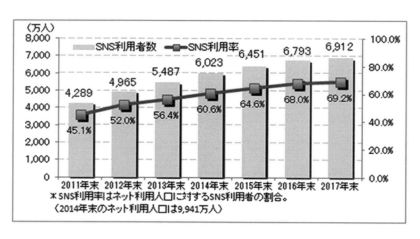

資料10　SNS利用者数推移　情報通信白書より

第3章 多様性社会と情報

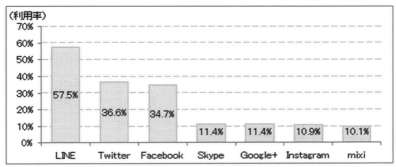

資料11　SNS利用率　情報通信白書より

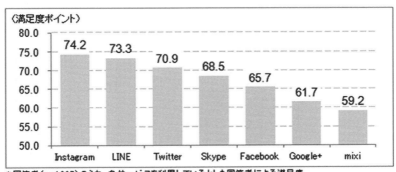

資料12　SNSの利用者満足度　ICT総研資料より

１日のSNS利用時間について、アンケート調査を実施した（資料13）。対象は、東洋大学経済学部学生で男女比は７：３である。それによると、かなりの時間がSNSによって消費されている。日常的な時間のなかでSNSがすでに生活の一部となっていることが理解できる。

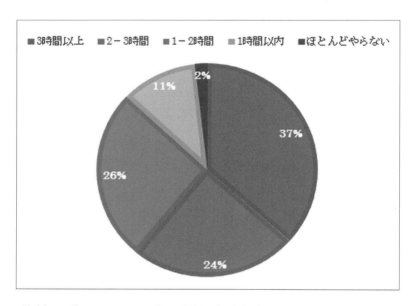

資料13 「１日でのSNS利用時間」東洋大学経済学部115名によるアンケート結果より（筆者調査）2016年５月

第3章　多様性社会と情報

2-2　AIとAR

　AI（人工知能）というキーワードが独り歩きしている感がある。人工知能については多くの話題がすでに提供されているが、特に人工知能が人間の仕事を奪うというオックスフォード大学オズボーン氏が2013年に発表した「雇用の未来」には具体的な置き換えられる仕事のリストが掲げられており、衝撃を与えた。

　また、経済学者のブリニョルフソンとマカフィーが『Race Against The Machine（機械との競争）』という著書のなかで、「ICTの発達は、きわめて高いスキルをもつトップ１％のスーパースターと資本家に大きな利益を与える一方で、中間層の人びとから仕事を奪い、失業を増加させ、収入を減らしている」と書いているようにITやICT、ユビキタス等々の負の側面として必ず仕事がなくなるという指摘がなされてきたことを忘れてはならない。

　しかし、筆者は人工知能が人間の仕事を奪う、特に単純労働が消滅するといった指摘に関してやや否定的見解をもつ。古くは"ラッダイト運動"に見られるように、新しい技術の導入時には同様の意見が発生した。ネット社会の普及では仲介業者が消滅するのではとの懸念もみられたが、現状では新たな雇用が発生し、無意味な規制が緩和や撤廃を求められることとなった。単純労働の多くは管理者が必要であり、それは人工知能で補うことは無理が生じる。

資料14 「女子高生りんな」アカウントページ

　人工知能が相手をする日本マイクロソフトが提供する「りんな」（資料14参照）はSNSの世界ではフォロワーの数は13万人を超えて社会現象になりつつある。ちなみにフォローも3万7,850と膨大な数である。

　グーグル翻訳は、2016年11月から試験的に人工知能を導入しており、翻訳の精度は確かに向上しつつある。囲碁や将棋の世界では早くからコンピュータが人間を打ち負かすといわれていたが、実際にそういったケースを報道によって私たちは確認することができたし、深層型学習（ディープラーニング）を基盤に据えている人工知能の進化により人間との差は大きくなる。

　しかし人工知能の進化によって新たなビジネスチャンスが増

え、それに伴う雇用の創出が生まれる可能性もある。

「AR」とは、Augmented Reality（呼び方：オーグメンテッド・リアリティ）の略で拡張現実を表わす。わかりやすく説明すれば、何かをきっかけにして情報を呼びだし現実の世界に情報を重ね合わせることである。2016年7月、世界で「ポケモンGO」が配信されるとDL（ダウンロード）数は5億にまで達し、瞬く間にギネス記録を塗り替えた（2016年11月6億DL）。世界100ヵ国以上で配信されるとパンデミック[5]という言葉が使われる世界的な社会現象となった。

スマートフォンの普及により誰でもが、無料でスマートフォンの画面に出現するポケモンを収集するのに無我夢中だ。ポケストップで集めたモンスターボールをスワイプするとGETできる（逃げてしまう場合もある）。このゲームはGPSとAIを組み込んだ新しいゲームだというだけでなく、特定の国や地域にしか出現しないようにコントロールができるため、観光業にも大きな影響を与える。ポケストップやバトル可能なジムを提供する企業は、運営会社に一定の支払いが必要になるが、日本マクドナルドはその代表的な例である。

そこで以下のように既存店売上高と客数を、日本マクドナルドホールディングスの資料より作成してみた（資料15）。グラフは顕著に配信された7月の売上高上昇を表わしているが、客数は同様の伸び率ではない。つまり店舗内にいる時間が伸びて、同じ客による消費が増加したことが考えられる。他のネットワーク型のゲームにみられるユーザーへの課金を主な収入源にす

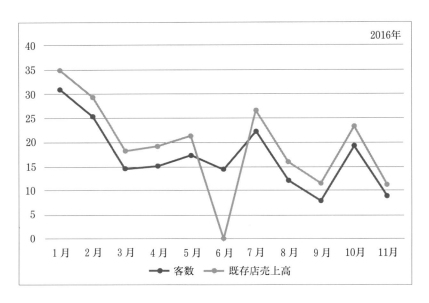

資料15　日本マクドナルドホールディングスの既存店売上高と客数
　　　（資料から筆者加工）※単位％（前年同月比）

るのではなく、企業側から収入を得てユーザーには基本的には無料で提供する手法は好意的に受け入られた。さらに入手した卵を孵すためにジョギングをするユーザーも多数出現するなど健康とリンクさせ、かつスマートフォンの機能を最大限に生かすことができた。

　海外の紛争地や国内被災地にもレアなポケモンを出現させるなど、これまでのゲーム概念を変えるイノベーションであると筆者は評価したい。一方、画面を見ながらの運転で事故死を発生させる等々、悲惨なケースも引き起こしていることを忘れてはならないが、根本的な原因は利用者のマナーにある。

第 3 章　多様性社会と情報

3．ICT教育とアクティブラーニング

　情報技術の導入によって効率的なシステムが評価されることで組織の特性は変化するが、学校という組織は多くの場合、企業と違ってまず簡単に導入することが叶わない。一例をあげれば佐賀県武雄市は全国に先駆けて市内の小学校にまずタブレットを無料で配布し、家庭での学習を先に行う反転学習を実施した[6]。筆者はこのプログラムの検証を武雄市と協定を締結し、行ったメンバーでもあるが、こうした時代に適合したプログラムの導入事例は驚くべきほどわが国では少ない。詳細は検証報告書としてアマゾンで電子書籍として出版（資料16参照）しているのでここでは述べないが、たとえばタブレット購入費用は税金が原資であるので地元住民の合意が形成されていないと進める

資料16　「武雄市ICTを活用した教育2014年度検証報告」アマゾンキンドルストア

ことができないなどの障壁が待ち構えている。したがってよほど首長による強いリーダーシップが発揮できなければ政策として実施することが難しく思われる。

東南アジアにおいて導入が進んでいるのは、シンガポールとタイである。シンガポールでは、1997年から教育省のICTマスターズプランを基にした教育が検討され、政府主導の「フューチャースクールプロジェクト」は、8校の実験校にてデジタル教科書が先行導入され、2012年には全児童生徒にデジタル教科書を配布した。タイでは、2012年度に全国の小学校1年生と中学校1年生に配布している。

欧州ではICT教育が先行している国はフィンランドである。2016年度より小学校においてプログラミング教育を必修科目として開始している。これはプログラマーを育成するのでなく、日常生活に必要不可欠なコンピュータサイエンスの知識を一般的な知識として身につけることが目的である。このように展開されている同様の講義については断片的に報道されているだけで、わが国では理解が進捗していない。

ICTによる反転学習は家庭での学習時間を伸長させ、結果として児童や生徒の関心を高めて教室での活発な質疑に繋がりやすい。大学においてもアクティブラーニングの導入が求められているが、掛け声だけで遅々として進まない。大教室での講義はPCを使ってプロジェクターで投影する方法を使うケースが多い。

一方通行での講義形式は、受動型で深層的な学習形態と程遠

い。仮に講義に関連する質問を電子メールで行う方法では、そもそも質疑応答にメール自体が、不適合性が高いために教育上の効果を上げることは期待できない。ほとんどの大学で適応している情報システムでレポートの提出やチェック、評価など可能だがこれも印刷してレポートを提出する仕組みを単純にデジタル化しただけのことであって受動型から能動型への転換を証明するものではない。

　大講義教室（受講者100名以上）でのアクティブラーニングは、席を指定席とし1グループ5〜7名程度にグループ化して分ける。情報システムを使って次講義での課題を提示、講義ではグループワークを行って回答を選択させる。それぞれがなぜその解答例を選択したかもコメントできるようにする。10分程度の時間を要して各グループの代表者から情報システムを使い（学内情報システムが利用できないケースではツイッターやLINE等のSNSを使用する）、グループで決定した回答をその場で教員へ送り、教壇で確認し、その後回答をプロジェクターで見せて説明する。

　筆者は2016年に担当講義において前述の形式を一部導入したが、授業評価では学生のほとんどが高評価として捉えていた。さらに次の年に筆者ゼミ希望の学生が急増したことも導入の効果として考慮できる（前年度は行っていない）。

　少人数のゼミナール形式では効率的に実施可能である。同様に情報システムで課題を提示し、そのままグループワークが可能である。2〜4程度の小さなグループに分割してディベート

を行い、負けた場合は各自に敗因分析レポートを作成させ、担当教員に送り、教員はコメントを記載して再送する。この場合、双方向での意見交換は行わず電子メールを利用しても実施できる。

　筆者のゼミナールは、地域再生や全国為替予想大会などのイベントにグループ別で出場をしており、このプログラムに前述した方法を組み込んだ。週末や休暇中にゼミの特別講義などはまったく行わず、決められたゼミ時間を有効に使うために何らかのイベントに全員が参加することを義務づけ、毎週ゼミで報告と質疑を繰り返した。

　別途プログラムで企業見学も複数行ってはいるが、こうしたプログラムも必ずミーティングの時間をとっていただき、当該社員と1時間程度の質疑を繰り返した。結果として2015年度は日本経済新聞社主催の「円ダービー」全国大会において約480チーム内で全国2位と4位の栄冠を勝ち取り、2016年度は東洋大学男女共学100周年企画多様性社会における研究報告で優勝グランプリ（データは本書「付録」に記載）、学内研究所主催の観光イベントで優勝、総合政策学科ゼミコンペで優勝、那須塩原市で開催された全国大学地域再生プレゼン大会でグランプリなど結果を出している（東洋大学経済学部総合政策学科WEBでも公開）。

　経済分野ではないテーマでも顕著な成果を出して最も難しいといわれている為替予想でも何度も入賞していることから、能動型トレーニングによる効果が高いことは証明できる。

第3章　多様性社会と情報

男女共学100周年記念事業学生企画成果報告会にて総合政策学科澁澤ゼミ優勝！

女子学生が入学して100年目を迎えて本学では、多様性社会をキーワードとして、全学で学生参加のプレゼン大会エントリーを呼びかけ多くの学生が参加した。多数参加のチームから予選会を通過して本選が2016年10月23日（日）井上円了ホールにおいて開催された。経済学部からは澁澤ゼミナールのみ選出されて、「LGBT」というテーマでプレゼンを行い優勝した。

学長より表彰された。（写真中央がリーダー、荻原茉那　総合政策3年）

チームは静岡などの当該テーマ関連カフェなどに訪れ、レクチャーなど行い、3か月以上におよびこのテーマと真摯に向き合った点が高く評価された。

資料17　「東洋大学男女共学100周年記念事業学生企画成果報告会」東洋大学経済学部総合政策学科サイトより（本書付録に資料掲載）

資料18　「那須塩原市活性化プレゼン大会2016」

インターネットを使っての学習効果については、カリフォルニア州立大学のジェラルド・シャトル教授の実験が有名である。彼は社会学専攻の学生33人を対象に事前に何も知らせず、教室で講義を受けるグループとインターネットで学ぶグループの二つに分け、通常の教室組の学生は14週間、毎週土曜日に講義を受ける一方、インターネット組の学生は電子メールを使ってコミュニケーションをとり、またインターネットで毎週同教授と直接議論した。その結果、インターネット組の学生は教室組の学生より試験で20％高い得点を上げた。
　このように少人数での能動的な学習方法は、成績の向上に結びつけられると想定できる。

　平成13（2001）年3月に文部科学省が打ち出した「教育の情報化」の基本的な指針は情報活用力の育成方法と指導方法の改善であった。ソフト面では平成13（2001）年度までにすべての公立小中高等学校等にコンピュータ教室を配置し、インターネット接続率を100％にするという目標が作成された。資料19によれば接続率は向上していることがわかるが、いまだに100％は達成されていない。

第3章　多様性社会と情報

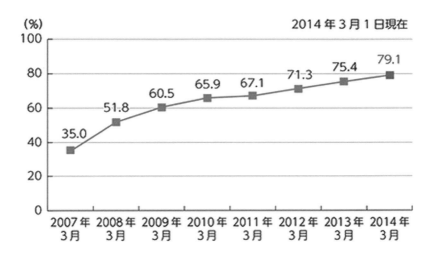

資料19　公立学校（小中高）の超高速インターネット接続率の推移
（出典）総務省「学校における教育の情報化の実態等に関する調査」

　東洋大学では、ほとんどの学部を問わず学生がPC室を利用できる環境にある。情報活用能力とは、単純に文書作成、表計算、プレゼンテーションソフトを使えることを意味するだけではない。
　情報社会では情報を発信する能力も必要である。しかし、肖像権侵害や誹謗中傷も少しの気の緩みから発生し、結果的に「炎上」と一言では済まされない結果がやってくる。インターネットが普及してからすでに20年以上が経過しているが、インターネット黎明期からあったDDOS攻撃すら、われわれは解決できていないのである。

3-1 高等教育におけるICT活用の現状

　通信教育の歴史は古く、19世紀後半に英国で郵便による通信教育が開始され、その後、欧米を中心にラジオ・テレビなどによる教育番組の放送開始に伴い普及してきた。日本では戦後に通信制大学が整備され始め、1983年には放送大学が設立された。ICTを使わない通信教育では、双方の情報伝達に長い時間が浪費される。そのために自主性が高い学生でも意欲を維持することはかなり難しく、卒業率はかなり低くなる。

　放送大学ではICTを活用し講義をストリーミング配信で提供しているが、対話性の確保がされておらず、一方的な配信ではICTを100％活用していると言い難い。

　一方、遠隔教育の評価に関しては、さまざまであるが制度的に日本では整備されているとはいえない。教育やトレーニングには市場原理が働きにくく、製造業やサービス業では当たり前であるコンスタントなフィードバックと改善が、高等教育機関では残念ながらおざなりであることが多い。授業は教員が与えてくれるものであり、知識や情報の一方的な伝達であるという考え方を学習者がもっており、授業をサービス製品としてとらえる「学習者＝消費者」モデルには、教育提供者からばかりでなく学習者からも違和感が示される。

　喜多村（2002）が紹介したように大学のような高等教育では「教育・研究という機能の評価は、企業の売上高とは違い定量的に測定できず、したがって価値の序列化も無意味である」と

いう議論も成立するし、そのような考え方から授業に相対評価はありえないのである。

　ICTを使う教育システムの成功は、教育機関や教育個人が適切な教材（コンテンツ）をどこまで提供できるか、また学習者の自主性を考慮に入れたうえで教員と学習者間の適正な質と量の対話をどこまで実現できるかにかかっている。自主性の高くない学習者には、ICTを使い対話を増やす工夫がなされなければならない。前述した佐賀県武雄市における事例では、クラスが一つのグループとして反転授業を実施することにより教員との対話距離はきわめて近いものになっていることが示されている。中等教育においては、クラスの数は少人数に限定されており、かつ教科書を全員が持っているという環境が用意されている。

　ただICT活用という形態で考慮すると、タブレットが全員へ配布されなければそもそも反転授業は行えない。事前学習として教材を閲覧し、小テスト等を行ったケースでは教員は時間と場所の制約に縛られずに教員は、学習進捗度を検証できる。しかしながら高等教育では、これらの環境が担保されず同様の手法をとることができない。

　大学進学率が50％を超えるわが国では、「競争」を実施した場合に生み出される敗者の存在が課題となる。こうした敗者の救済措置として高等教育機関の対応は不備が多い。自分が参加した競争の結果や評価基準が何だったかを知り、同様の失敗を繰り返さないという学習効果を得ることは大切なはずである。

しかし現状は、学生の多くは受けた試験の結果すら知らされないケースが多い。

大学数は増加し、学生数は減少傾向にある。多くのデータから類推すれば近年、わが国の大学生の学力低下は著しいといえよう。年間35週に決められた講義時間で、これらの問題に対処するためにはICTの活用しかないといえる。

3-2　ICTを活用させるための施策

ICTを使った教育の現状を鑑みると、電子商取引と比較して遅れをとっている。多くの場合、成績管理のためのシステムは使いにくく、デザインには利用者に対する配慮がなされていない。講義担当の教員にコンテンツ制作が任意で任されているだけで、一度つくられたコンテンツを何年も使いまわす教員もいる。これでは、毎年同様の講義を同じテキストで繰り返す手法と大差ない。

授業に関して使用できる費用を使って外部の業者へ委託して、コンテンツ作成を試みたことがある。教育用のコンテンツ制作において経験値をもっているのは、教科書会社などであるが、個別の案件では手間ばかりかかって利益に結びつきにくい提案には乗りにくい。

一般的にICTを活用するためには、学生は学外からアクセスするので資本コストが高くなる。さらにタブレットなどのデバイスが必需品になるので、佐賀県武雄市のように無償で配布する政策が重要な意義をもつ。

自治体がタブレットを配布する政策を実施する場合、学校教員の情報リテラシー教育水準を向上させる必要性が生じ、研修を実施するケースが多くなる。2014年に実施した文部科学省の教員情報活用力調査（資料20参照）によれば、初等教育ではすべて佐賀県が全国１位になっている。

　米国では講義や教材が無償で提供され利用が進んでいるが、反転授業を組み込んでいる大学では有償コースにしているところも多い。教員にすべての反転授業用のコンテンツを制作させるのではなく、無償で提供されている教材を利用して反転授業に利用するという方法もあるが、無数のコンテンツのなかから授業に利用できるものを捜索する負担が大きく、現実的とはいえない。

　教材コンテンツが画一的で品質が下がってしまう可能性、いわゆるアドバースセレクションについては、一部有償なビジネスモデル、たとえば大規模なオンラインコース開発や電子書籍とのパッケージなどコンテンツ制作側による新規ビジネスの開発が考えられる。

　受講者にとって優先事項は単位の修得にある。事前学習を効果的に実施することで、学習時間は増加し授業理解度は向上する。学生の自主性は、わが国は諸外国に比べて圧倒的に低いことから反転授業を実施することは有効であると判断できる。理解度が向上することで、試験のための暗記やノートを記述するだけの学習態度の修正が期待できるからである。さらに反転授業による先行学習の評価を高等教育機関自らが、積極的に取り

大項目A
教材研究・指導の準備・評価などにICTを活用する能力

順位	都道府県名	%
1	佐賀県	93.7%
2	愛媛県	90.8%
3	岡山県	90.1%
4	三重県	89.1%
5	高知県	88.8%
6	沖縄県	88.0%
7	岐阜県	86.8%
8	徳島県	86.7%
9	富山県	85.5%
10	茨城県	85.4%
11	山口県	83.3%
12	熊本県	83.2%
13	大分県	82.8%
14	広島県	82.7%
15	京都府	82.5%
16	新潟県	82.3%
17	埼玉県	82.1%
17	岩手県	82.1%
19	香川県	81.1%
20	石川県	81.0%
21	栃木県	80.9%
22	鳥取県	80.5%
23	長崎県	80.3%
24	秋田県	80.1%
25	鹿児島県	79.9%
26	山梨県	79.7%
27	群馬県	78.8%
28	和歌山県	78.7%
29	大阪府	77.9%
30	北海道	77.8%
31	福岡県	77.6%
32	千葉県	77.5%
33	長野県	77.3%
33	兵庫県	77.3%
35	山形県	76.9%
36	東京都	76.8%
36	神奈川県	76.8%
36	静岡県	76.8%
39	宮城県	76.4%
40	福井県	76.0%
41	青森県	76.0%
42	福島県	75.7%
43	滋賀県	75.4%
43	島根県	75.4%
45	愛知県	75.1%
46	宮崎県	74.9%
47	奈良県	73.5%
	平均	79.7%

大項目B
授業中にICTを活用して指導する能力

順位	都道府県名	%
1	佐賀県	92.4%
2	岡山県	88.0%
3	愛媛県	84.7%
4	三重県	82.3%
5	徳島県	80.1%
6	高知県	79.7%
7	沖縄県	79.5%
8	富山県	76.3%
9	茨城県	75.9%
10	岐阜県	75.6%
11	京都府	72.1%
12	熊本県	71.9%
13	広島県	70.9%
14	埼玉県	70.7%
15	山口県	70.0%
16	岩手県	69.7%
17	鹿児島県	69.6%
18	栃木県	68.5%
19	香川県	68.0%
20	大阪府	67.7%
21	鳥取県	67.6%
22	石川県	67.5%
23	群馬県	66.9%
24	新潟県	66.6%
25	長崎県	66.5%
26	福井県	65.9%
27	北海道	65.4%
28	和歌山県	65.2%
28	神奈川県	65.2%
30	東京都	65.0%
31	大分県	64.8%
32	秋田県	64.7%
33	福岡県	64.6%
33	山梨県	64.6%
35	兵庫県	64.3%
36	千葉県	64.3%
37	宮崎県	63.9%
38	山形県	63.0%
39	静岡県	62.1%
40	青森県	61.9%
41	宮城県	61.8%
42	長野県	61.6%
43	滋賀県	61.3%
44	島根県	60.6%
45	愛知県	59.0%
46	福島県	58.8%
47	奈良県	58.4%
	平均	67.5%

大項目C
児童・生徒のICT活用を指導する能力

順位	都道府県名	%
1	佐賀県	84.7%
2	岡山県	83.5%
3	愛媛県	80.8%
4	三重県	78.4%
5	高知県	77.0%
6	茨城県	74.1%
7	徳島県	74.0%
8	沖縄県	72.8%
8	岐阜県	72.8%
10	富山県	71.1%
11	岩手県	68.9%
12	広島県	68.1%
13	京都府	68.0%
14	山口県	67.8%
15	埼玉県	67.3%
16	栃木県	67.0%
17	新潟県	66.1%
18	北海道	65.0%
19	群馬県	63.5%
19	熊本県	63.5%
19	山梨県	63.5%
19	石川県	63.5%
23	長崎県	63.4%
24	大阪府	63.3%
25	秋田県	63.2%
26	鹿児島県	63.0%
27	和歌山県	62.5%
28	千葉県	62.3%
29	香川県	62.2%
29	大分県	62.2%
31	福岡県	61.5%
32	山形県	61.3%
33	兵庫県	60.7%
33	東京都	60.7%
35	福島県	60.2%
36	青森県	59.9%
37	宮城県	59.7%
38	島根県	59.6%
39	鳥取県	59.0%
40	福井県	58.8%
41	長野県	58.7%
42	静岡県	58.0%
43	宮崎県	56.7%
44	滋賀県	55.7%
45	神奈川県	55.1%
46	愛知県	54.4%
47	奈良県	54.2%
	平均	63.7%

資料20　都道府県別　教員のICT活用指導力の状況（１）

（都道府県別・全校種）

（出典）文部科学省「教員情報活用力調査」

第3章 多様性社会と情報

大項目D
情報モラルなどを指導する能力

順位	都道府県名	%
1	佐賀県	90.9%
2	岡山県	89.6%
3	愛媛県	87.7%
4	三重県	86.6%
5	徳島県	85.1%
6	高知県	84.4%
7	岐阜県	83.3%
8	茨城県	82.1%
9	沖縄県	80.8%
10	栃木県	79.0%
10	埼玉県	79.0%
12	山口県	77.8%
13	大分県	77.6%
14	広島県	77.5%
15	富山県	77.1%
16	熊本県	77.0%
17	岩手県	76.9%
18	京都府	76.7%
19	新潟県	75.4%
20	和歌山県	75.1%
21	東京都	74.6%
22	群馬県	74.5%
22	鹿児島県	74.5%
24	大阪府	74.4%
24	千葉県	74.4%
26	北海道	74.3%
27	石川県	74.0%
28	香川県	73.4%
29	秋田県	73.3%
30	山梨県	73.2%
31	長崎県	72.9%
32	福岡県	72.3%
33	兵庫県	72.1%
34	宮城県	71.8%
35	静岡県	71.3%
35	福島県	71.3%
37	神奈川県	70.4%
38	宮崎県	69.3%
39	島根県	69.2%
40	福井県	69.1%
40	山形県	69.1%
42	鳥取県	69.0%
43	滋賀県	68.3%
44	青森県	68.1%
45	長野県	67.7%
46	愛知県	67.1%
47	奈良県	65.6%
	平均	74.8%

大項目E
校務にICTを活用する能力

順位	都道府県名	%
1	岡山県	93.4%
2	佐賀県	91.7%
3	愛媛県	88.6%
4	三重県	87.2%
5	高知県	84.4%
6	岐阜県	84.2%
7	富山県	83.4%
8	沖縄県	83.0%
9	茨城県	82.0%
10	徳島県	81.8%
11	山口県	79.6%
12	山形県	79.1%
12	京都府	79.1%
14	岩手県	78.9%
15	新潟県	78.6%
16	群馬県	78.2%
17	埼玉県	78.0%
18	広島県	77.7%
19	栃木県	77.0%
20	秋田県	76.4%
21	熊本県	76.3%
21	山梨県	76.3%
23	石川県	76.2%
24	香川県	75.7%
25	鳥取県	75.0%
25	北海道	75.0%
27	長崎県	74.7%
28	島根県	74.6%
29	東京都	74.2%
30	鹿児島県	74.1%
31	大分県	73.9%
32	福井県	73.5%
32	長野県	73.5%
34	大阪府	73.0%
35	青森県	72.7%
36	兵庫県	72.6%
37	宮城県	72.4%
38	福岡県	72.3%
39	和歌山県	71.9%
40	神奈川県	71.4%
41	静岡県	71.1%
42	滋賀県	70.8%
42	宮崎県	70.8%
44	千葉県	70.5%
45	愛知県	69.9%
46	福島県	69.8%
47	奈良県	65.7%
	平均	75.5%

組む教員に評価を行うことや、反転授業の達成度を受講者に対する評価基準に盛り込むなどの工夫を実施することで継続可能な教育モデルとして有効活用されることが想定できる。

さらにICTに期待されるのは、障がい者の学びの場と方法を広げていくことである。たとえば電子書籍の音声読み上げ機能は、視覚障がい者の読書機会を飛躍的に拡大させる。教育においても同様である。紙の教科書の利用が困難な視覚障がいのある児童生徒であっても、デジタル教科書であれば文字拡大や音声読み上げの機能を活用することで利用が可能になる。こういった障がいのある児童生徒はICTを活用した教育によって大きな助けを得られる。多様性社会という概念を再度考えて、本書で取り上げたシステムや教育手法を早く取り入れていくことが望まれる。

4．仮想通貨

仮想通貨とは、オンラインサービスで経済活動を行うことができる貨幣価値のことである。[9] 仮想通貨は特定のサービス内でのみ貨幣価値をもつものであり、一般的には現金に換算したり他のサービスで使用したりする価値はもたないといわれてきたが、「ビットコイン」の登場にみられるように社会的に大きな変革を齎しつつある。日本ではこれまで、ビットコインは貴金属に類する「モノ」扱いであり、後に「価値記録」と新たな分類で定義されたものの、消費税の課税対象であることが政府の

第3章　多様性社会と情報

基本方針として発せられていた。金融庁はこれを「貨幣」の機能をもつと認めた（2016年2月）。

　EU諸国においては、欧州司法裁判所で「ビットコインは通貨に類する」と判決が出されたことで、VAT（付加価値税）の非課税対象であることが明確化し、また米国内においてもビットコインの取り引きを認可している州では原則売上税の免除対象とされている[10]。

　ビットコインの課題であった保障であるが、これは国内において大手生命保険会社がリスクを担保するサービスを2016年に開始することを決定し解決策は提示されている。

　ビットコインの問題点は、発行者がいないので電子マネーのような供託金を預けるという規制をかけることができないことにある。利用者への担保にはならず日本でも発生した取引所が破綻したような事例の場合、自己責任という馴染まない原則を押し付けられることになる。また仮想通貨として認定しても銀行で交換できるわけではないので、一般的に普及が急速に進むということはわが国では考えにくい（現時点では1,000店舗以上、ビットコインが使える店舗があり、ネットでの決済も徐々に広がっている）[11]。かつ投機性が高いということからも利用を控える人が増える可能性が大きい。ビットコインは実需が少ないので、変動幅が大きくなる傾向にあり、きわめて投機性が高いといえる（資料21参照）。2012年にはほとんど価値がつかなかったビットコインは、2013年12月には1ビットコインが127,800円をつけた。（http://jpbitcoin.com/about/history_price）

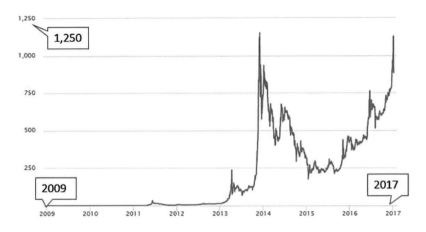

資料21　ビットコインの市場価格（USD）blockchain.infoより引用

　それは、ビットコインの流通している量が少ないことや特定の国がコントロールできないことなどが、不安定で投機的な動きになっている要因と思われる。
　今後は、仮想通貨のみなら「アップルペイ」や「アマゾンコイン」「ポケコイン」などの特定の企業における電子マネー用途も今後拡大が見込まれる。社会における通貨の考え方が変わる時代がやってくる可能性がある。
　仮想通貨は、別名「バーチャルマネー」「バーチャル通貨」ともいい、特定の国家による価値の保証をもたない通貨である。そのため、現金への換算や他のサービスを利用することはできない。また、専門取引所を通じて円やドル、ユーロなどの通貨と交換ができ、仮想通貨の種類は600種類以上ある。そのなかでも世界的に流通し、代表的なのはビットコインであり、分散

型仮想通貨とも呼ばれる。中央銀行などを介さず、ネット上で取り引きが行われるため取り引きの手数料が安く抑えられ、世界中の誰でもどこでも取り引きを行うことができる。

　また、私たちに馴染みのある現金とはどのような違いがあるのか。共通点としては、発行主体がなく発行量に限りがあり、価格変動も大きい。違いは、携帯性と偽造である。携帯性の点で現金は、紙幣や硬貨というモノを商品交換＝物理的交換するしかないが、ビットコインは電子データのため、その時・場でネット上のアイテムなども購入することが可能である。

　偽造の点で現金は、紙幣をコピーし偽造するといった事件が発生し、近年は見た目にはまったくわからないほど鮮明な偽造紙幣も出回っていたりする。ビットコインは、暗号技術を導入することで偽造を困難にし、現時点でビットコインによる偽造が行われた例はない。

4-1　ビットコイン

　「ビットコイン」の特徴は、発行主体がいない分散型通貨であるということだ。分散型であるということは、基本的に外部から管理・影響されにくい通貨であることを意味する。国の体制不安定や法定通貨（金銭債務などの決済手段として強制力をもつ通貨）に対する信用性が低い国では、自国の通貨破綻のリスクが高まる。また、法定通貨は現金のみならずポイント形式の場合もあり、銀行や企業が破綻し、資産がすべて失われる可能性が出てくる。しかし、ビットコインは、個人で管理している

ためこのようなリスクがなく、世界中に送金することが可能である。

　だがここで問題点がある。発行主体がいないということは、価値を担保する組織が存在しないことを意味し、仮に自分のビットコインが何らかの原因で失った場合、保障されず自己責任になる。したがって、円もしくは現金に対する信頼度が高い日本にとってはビットコインを利用することが急速に普及するということは考えにくい。

　その他の仮想通貨では「リップル」が挙げられ、Ripple Inc. によって開発が行われているネット決済手段である。ビットコインと比較すると市場規模は小さいが、Googleが出資している決済手段であるため信頼性を高くもって購入でき、将来性に期待できる通貨である。

　また、「ライトコイン」という仮想通貨は、ビットコインから派生したPeer to Peerのインターネット通貨および暗号通貨である。リップルより少し市場規模は小さいが手数料がほぼなく、ビットコインよりも決済スピードが速いため、お店での決済に向いている通貨である。そして、「モナーコイン」という通貨は日本発祥（巨大掲示板"２ちゃんねる"より誕生）であり、2014年に本格的に流通が開始された。[12]

　仮想通貨を用いることで、より有利な条件や環境でサービスが利用できる。たとえば、インターネットゲームでは強力な武

器や道具を仮想通貨で購入することができ、普通では手に入らないものであるため、利用者の購買意欲が向上する。仮想通貨の入手方法は、サービスを利用するごとに貯まっていくポイントを利用するのが一般的とされてきたが、最近では一定額の仮想通貨を購入し利用する。

電子マネーは、紙幣や硬貨を使用せずカード内データのやり取りで決済をする方法であり、オンライン上で決済を行う方法と非接触型の決済方法（駅の改札・お店での支払い）の2つがある。

日本で電子マネーを利用する目的として、円での支払いをより便利にするため紙幣や硬貨の代替として利用される。そのため、事前に紙幣や硬貨で円を電子マネー端末に入金しておく必要やクレジットカードなどの利用額の決済のために銀行口座にお金を入れておく必要がある。したがって、紙幣や硬貨を使用せず、電子マネーを利用することは不可能であることがわかる。

仮想通貨（ビットコイン）の場合、電子端末に円を入金する行為はなく、商品を購入する際、「円」という通貨を「ビットコイン」という通貨に両替することで、ビットコイン（仮想通貨）としての支払いが可能となる。支払い方法は電子マネーと同様で電子的に決済を行う。このことから、ビットコインは仮想ではあるが「通貨」であり、貨幣を使用せず決済できる仕組みの電子マネーとは違うことが明らかである。また、日本国内で特定の企業や店舗であれば「Suica」や「PASMO」は利用可能だが、ビットコインは世界中の誰もが利用可能で特定の企

業の指定もないため、何でも好きなように利用できる。

　しかし、ビットコインには問題点が４つある。
　まず、通貨であるため暴騰暴落を繰り返し、価値保存に向いていない。一時期、１ビットコイン＝13万円や暴落により３万円以下になったこともある。２つ目は、銀行口座と異なり匿名性があるためマネーロンダリング（犯罪行為で得た資金を口座を転々とさせ、出資所をわからなくする行為）に巻き込まれる可能性がある。実例で、IS（イラクとシリアのイスラム国）がマネーロンダリングを行うためビットコインを利用する事件があった。３つ目は突然の病気や事故でビットコインの持ち主が亡くなってしまった場合、相続できない可能性がある。４つ目は自分でお金をつくることができる「採掘」をすることができるが、採掘は膨大な時間と労力・費用がかかる。

　ビットコインの利用者は年々増加し、20〜40歳代の男性を中心に利用されている。なぜ、この層の利用者が増加しているのか。それは、変動率の大きさが関係し、瞬間的に莫大な利益を得ることができる可能性があるために投資目的で利用する男性が多いことがあげられる。
　上記でも述べたが、世界と比べて日本は仮想通貨の導入が遅れている。各国の法律上の取り扱いも異なるが、急速な市場拡大に対応すべく、日本も独自の法整備が進められている。2016年の法改正で仮想通貨を「貨幣の機能」として認定し、決済手

段や法定通貨の交換に利用できることを正式に認め、その後仮想通貨の法規制案を閣議決定した(後述)。このことから、今後日本国内でも仮想通貨の拡大と発展が見込まれ、私たちに馴染みのある円以外の世界に通用する通貨が国内や海外で利用されることで、日本の経済発展に影響してくるだろう。

4-2 仮想通貨の汎用性と転々流通性

　仮想通貨と電子マネーは、どちらも現金に代替する支払手段だが、2つの性質は大きく異なる。主な特徴としては、仮想通貨とは「汎用性」と「転々流通性」を備えている現金ではない「決済手段」であり、電子マネーや仮想通貨は、限定されたエリアではなく、ある程度の広さの商業圏内で利用される[13]。こうした性質のことを汎用性と呼び、日本で普及している電子マネーと、新たに登場した仮想通貨は、いずれも汎用性を備えている。
　汎用性のない決済手段は、モバコインや課金制度を伴うゲーム内だけで使えるゲーム通貨が例としてあげられる。仮想通貨は、主にインターネットで使われているため、ゲーム通貨と見た目や役割の似ている場合もあるが、根本的な性質を比較すると大きな違いがみえてくる。このとき、汎用性の有無という視点において、ゲーム通貨と仮想通貨を区別することが可能であり、電子マネーと仮想通貨はこの点では共通であるといえる。しかし、「転々流通性」という点で比較してみると、電子マネーの利用者は、電子マネーを加盟店での支払いに利用することが可能だが、利用者から利用者へと電子マネーの残高を移転す

ることは不可能である。対して、仮想通貨は、世界中の誰にでも送ることが可能である。

スマートフォンに仮想通貨のアプリをインストールし、インターネット接続ができれば、誰もが送金者にも受取人にもなることが可能である。そもそも仮想通貨のユーザーには、店舗と利用者という役割分担さえも存在しておらず、店舗がレジの代わりにスマートフォンを置いて、仮想通貨払いを受けるだけでなく、仕入れ先への支払いや個人の間での送金に使うことも可能となる。仮想通貨は、世界中どこへでも送金することができ、専用端末を必要としないことから、高度な「転々流通性」を備えているといえる。

4‐3　仮想通貨のリスク

これまでに、仮想通貨は「汎用性」「転々流動性」という二つの大きな概念をもつという事柄を挙げたが、それはつまり、私たちが使用する「現金」、つまり「法定通貨」にはそのような機能がないといえる。

現金の位置づけは至極簡単なものであり、それは「強制通用力」をもつということである。

現金はどの国においても、「価値尺度」「交換手段」「価値の保存手段」としての大きな三つの機能をもち、絶対的なものであるため、ゆえに、構造も仮想通貨と比較する単純となる。

しかし電子マネーや現金と比べて、便利に思える仮想通貨には、いくつかのリスクおよび問題点が考えられる。まず、非主

体性のリスクとして仮想通貨には、ビットコインのように発行主体のない分散型、発行主体の存在する中央型などの類型が存在する。分散型のリスクは、責任主体が存在しないことである。しかし、これは中央型にも似たリスクが想定される。現代では、世界中で無数の仮想通貨が発行され、国境を越えて流通しており、発行主体の表示された中央型であっても、海外で発行されている場合には実在性を確かめる手段はなく、正確な発行国が不明なこともある。

　次に変動性のリスクとして、仮想通貨の多くには市場が形成されており、為替レートと同じように取引価格が存在する。しかし、現金通貨とは異なり、仮想通貨には登録された発行国や正式な通貨記号も存在しない。ドルや円と交換する指標となる価格、つまり価値尺度も、非公式の市場で偶然に成立した売買の結果といえるため、価格変動の説明がつかないことがある。

　最後に取り引きのリスクである。仮想通貨の送金には、取引所などの仲介者は必要なく、ビットコインの入手時や、受け取った仮想通貨を円やドルに交換する場面においては、取引所を利用することが多い。取引所を両替所として利用する場合には、特に大きなリスクは考えられないが、仮想通貨を金融商品とする場合は、取引所に預けて売買のタイミングを指示することもある。

　ビットコインの価値は、当初ほぼゼロだった。2011年7月の一時的な高騰を経つつも、2009～2012年までほぼ変化のない状態が続いた（資料21）。しかしながら、2013年3月ごろ、ユー

ロ圏の小国キプロスで起こった金融危機の影響で、安全な逃避先を求めて一部の資金がビットコインに流入し始めた。そのことによりビットコインは注目され始め、誕生からわずか4年の2013年4月には流通量10億ドルを超えるまでに成長した。

4 - 4 仮想通貨の展望

日本では仮想通貨は、法律で、以下のように定義されている。

資金決済に関する法律　第二条　5
この法律において「仮想通貨」とは、次に掲げるものをいう。

> 一　物品を購入し、若しくは借り受け、又は役務の提供を受ける場合に、これらの代価の弁済のために不特定の者に対して使用することができ、かつ、不特定の者を相手方として購入及び売却を行うことができる財産的価値（電子機器その他の物に電子的方法により記録されているものに限り、本邦通貨及び外国通貨並びに通貨建資産を除く。次号において同じ。）であって、電子情報処理組織を用いて移転することができるもの

ビットコインはインターネット上で最も多く取り引きされており、すでに時価総額にすると約1兆円を超えている。通貨と同様の位置づけにしていなかったのは、G7（先進7か国＝フランス、アメリカ、イギリス、ドイツ、日本、イタリア、カナダ）では日本だけで、消費税を課していた。取得時に消費税を課さ

ない方向で進んでいるため、2017年度は間違いなく通貨としての存在感が増すといえる。送金手数料が安くなり、両替のリスクが発生しないのは多くの企業にとって魅力的である。

　総務省（2014）によると日本国内にある卸売業、小売業を営む事業所の数は、計140万7,235あるという。前述したように、日本の国内においてビットコインを使って支払いができる店は約1,000店舗あるが、この数字から日本国内でのビットコインは汎用性が低いといえる。

　しかし、世界に目を向けてみると少し変わってくる。Coin Mapというビットコインを利用できる店の場所がわかるウェブサイトによると、ヨーロッパやアメリカに多くのビットコイン使用可能店舗があることがわかる。

　その他では、両替手数料を考えると汎用性が高いといえる。従来、円と他の国の通貨を両替する際に多くの手数料がかかっていた。しかし、ビットコインは両替する必要がなく、送ったり受け取ったりすることができるので、さまざまな国とお金のやり取りが多い人はいちいち通貨を両替する必要がないためビットコインは汎用性が高いと考えられる。

　これらのことから、日本国内のみではビットコインを利用できる店は少ないが、海外も含めるとそれなりの数はあるので世界的にみれば汎用性は高いといえる。最近、日本でのビットコインの汎用性が上がる可能性がある報道がされた。朝日新聞（2016）[14]によると、新たに電力事業へ参入するイーネットワークシステムズという会社がビットコインの取引口座から電気料金

資料22　ビットコインの作成者「Satoshi Nakamoto」と報じたLos Angeles Times記事

の引き落としを行うという。今後、このようなビットコインを用いて支払いができる公共サービスが増えればビットコインを利用する人も増えると考える。

　しかしながら個人をベースで考えてみると、一部の投資家を除外すれば現状でビットコインを購入して使う人は少ないといえる。

　そもそも日本ではクレジットカードの普及すら遅れてきた経緯があり、現金主義という考え方が強い。投機的な通貨ということでの魅力はビットコインには確かに存在するが、日本の株式市場ですら海外投資家の比率は非常に高い。言わずと知れた国民の貯蓄性向がかなり高い国である。高齢者だけでなく若者にもこうした傾向は顕著であることから投機目的で仮想通貨を購入する人は国内においては限定的な数に絞られるが、人民元の下落傾向などの要因はこうした仮想通貨への資金の流れを加速させることに加え海外からの投機的な購入は増加することが想定できる。ちなみに2017年1月4日、1ビットコインが13万円を超え記録更新となっている。

5．多様性社会とビジネス

　2016年度は多様性社会という言葉が日本のメディアに多く取り上げられた。性差別や人種、宗教、まして同性愛などのテーマでは広く社会への理解を認知させることが重要であることはいうまでもない。たとえば「LGBT」(Lesbian、Gay、Bisexual、

Transgenderの略)という言葉が日本社会でどの程度、認知されているのだろうか。また、こういったテーマは、特にわが国では取り上げるのに過敏になる傾向がある。

多様性社会が成熟期を迎えた先進国においては、同性愛者の婚姻や入籍が認められているだけでなく同性愛者であることをを公言し、首相になった人物までいるのだ。それに対して日本は歴史的にみても閉鎖的で海外の宗教や文化の受け入れには後ろ向きだった。

TVや新聞が世論形成に大きな影響を与えることは否定できないが、視聴率の低下という単純な数字の推移ではなく多くの若者はすでにTVを見ない、新聞も読まない、書籍も読まない傾向にある。一方で動画配信サイトでは100万人を超える人がて閲覧しているなど、大きな話題となる。

通常のメディアには、さまざまな規制があって多様性社会のキーワードに踏み込めないのに対して、ネットはどのようなテーマであれ情報は発信されて拡散される。わずか20年と少しの時間の経過で、世論形成に影響を与える主役は、既存メディアからネットに移りつつある。

シャープや東芝など家電大手が経営困難に直面している理由の一つにTV販売の失敗があげられる。韓国製のTVやモニターが中東で販売実績を上げている理由は、もちろんマネジメントや営業力の差もある。しかしそれ以上に、たとえばTV画面にお祈りの時間を知らせるメッセージが出るなどの商品自体に宗教に対する配慮がなされているケースがある。

第3章　多様性社会と情報

　近年、日本では留学する学生の数も減少傾向にある。この理由については単に若者が消極的になったということではなく、経済的な理由から留学をあきらめる学生が増加していることが大きな理由ではないだろうか。奨学金を借りる大学生の数が増加していることからも考えられる。ただ私たちが学生だったころは、バックパッカーという言葉が飛び交い、アルバイトで貯めた資金で海外へ大きなリュックを抱えて一人で旅する学生がいたものだ。ネットからの情報がまったくない時代のほうが、よりアグレッシブに行動している人が多かった。英語での講義もいいが、それが多様性社会で対応できる学生を育成するというのは間違っている。

　インバウンドに注目が集まるなか、日本から海外へ出る観光客にも注意が必要である。海外でのリスクは年々上昇し、テロなどの過激な事件が報道されるため渡航に関しては消極的になりがちである。しかしこういったリスクだけではなく、たとえば海外で体調が悪くなった場合、現地の病院では日本語が通じないなどの問題からたいへん不安があり、特に持病のある人は渡航先が限られことになるケースが多い。

　日輝株式会社はグローバルに事業展開する大企業だが、2016年、カンボジアのプノンペンにおいて病院を開設した。この病院は日本人専用の病院ではなく、現地の人へ向けて日本の優れた医療技術を備えたもので、カンボジアでは大きな感謝をもって迎えられている。日本人のスタッフなどが常駐しており、このような医療施設が開設されることで現地へのビジネス参入が

加速される効果がある。

5‐1　Uber

　Uberとは、米国企業であるウーバー・テクノロジーズが運営する自動車配車ウェブサイトおよび配車アプリのことである。
　自由な働きが可能である点に関して、実際に海外の「Uber」は幅広い年齢に、男性だけでなく女性の方がドライバーになっており、ライドシェアによってこれまでとは違ったビジネスの機会を得ている人がいると考えられる。実際にタクシーと比較すると、Uberは幅広い層でドライバーとしての仕事を生み出していることがわかる（表1）。
　多様化する社会での働き方として、Uberの与えるインパクトは大きい。アプリから「uberX」を選び、乗降車場所を設定して「uberXを依頼する」ボタンを押すだけで、近くを走って

表1　Uberドライバーとタクシードライバーの年齢および女性の割合
（米国）

	Uberドライバー	タクシードライバー
18〜29歳	19.1%	8.5%
30〜39歳	30.1%	19.9%
40〜49歳	26.3%	27.2%
50〜64歳	21.8%	36.6%
65歳以上	2.7%	7.7%
女　性	13.8%	8.0%

（出所）Jonathan Hall［2015］を参照

第3章　多様性社会と情報

表2　Uberドライバーの勤務時間の割合（米国）

	Uberドライバー
週1～15時間	51%
週16～34時間	30%
週35～49時間	12%
週50時間以上	7%

（出所）Jonathan Hall［2015］を参照

いる車が早ければ3分程度でやってくる。しかし、スマートフォンの普及率は米国と大差ない日本では同様のサービスは行われていない。

アメリカでは、Uberドライバーは実際に自分の都合に合わせて自由な働き方を選択しており、そのような働き方ができるライドシェアは、仕事の幅を広げる手段として有効である（表2）。

わが国では道路運送法で、旅客自動車運送事業を営むには許可が必要になるので、個人がサイトに登録し自家用車を使用し他人を目的地に運び利益を得ることは違法となる。

日本でもUberはあるのだが、利用は限定的なもので、しかもタクシーより多くの場合、料金が高い場合が多い（資料23参照）。理由は上述したように、日本では道路運送法により、誰でもが自家用車を使用してタクシー業を営むことができないことにある。しかしながら米国他ではすでに普及し、市民の足として活用されている。

資料23　Uber利用でJR水道橋駅から東洋大学まで算出（タクシーで乗車する場合：約1,000円、Uberでは1,372円からと表記されている）

　Uberに登録されたクレジットカードで決済されるため、乗用車内での現金やりとりはないため、防犯上安全とされている。事件が発生したケースはあるが、タクシーでも事件は発生しており、利用件数からみた事故や事件の発生率はUberはかなり低いといえる。

　筆者は地方活性化のために、Uberを米国同様にサービスが行えるようにすべきと考える。地方に行くと駅前にタクシーすらいない地域が多い。バスや鉄道は過疎化した地域では、日に１本のような運行状況下にある地域もある。一方で自家用車を保持する比率はかなり高く、観光客を呼び込むためにもUberの導入は有効であると思える。

　都市部においてはタクシー業界と競争が激化する可能性があるが、過疎化が進む地方では顧客の争奪戦は発生しにくいので、指定地区のみにおいてサービスを許可する方法もあるかと思え

る。料金が安くなることで運転に不安のある高齢者も利用する可能性がある。研究が進む自動運転などの交通手段が過疎化への交通対策になるにはまだ課題も多く、現実的ではない。

　この節で述べているシェアビジネスの起点は、スマートフォンにある。Uberの配車アプリで車を呼ぶと、運転者の顔と氏名が画面に現れて位置情報が把握できる。それだけではなく米国ではまれに「担当ドライバーは耳が不自由ですので連絡は文字情報で送信してください」と表示される。全米で難聴者は約3,700万人いるといわれているが、その7割は仕事がない。Uberは難聴者の雇用機会を創出させた。日本では難聴者数は約1,400万人近いという統計がある（日本補聴器工業会統計データによる）。
　Uberは、まさに米国では難聴者へ仕事の機会を提供しているのだ。既得権を守ることに汲々とすることなく、時代の先をみた取り組みを政府は主導するべきである。
　確かにいつの時代でも新規ビジネスは参入を拒まれる。たとえば欧州ではAirbnd[15]やUberなどのサービスが既存のタクシー業界やホテル業界にダメージを与えるという懸念から、業界だけでなく地方自治体からも厳しい措置を講じる動きが加速している。フランスではUberの役員が逮捕されるなど、行政側の態度が硬化している。
　ヨーロッパなどでは、移民の増加により自分たちの仕事が奪われていると多くの市民が不満を募らせて、政治的にも多様化ではなく排外的な政策を唱える政党へ支持が集まっていること

について憂慮する。画一的で国家統制的な手法による引き締めが過去の歴史から何を生んだのかについて再度考えるべきである。以前と違っているのは、情報化が進み世界で2人に1人はスマートフォンを持っているということである。

特定のフィルターが消滅し国境を飛び越えて拡散する情報は時に世論を動かし、その政治体制を崩壊あるいは変革させるほどの力をもつようになった。

2017年は、米国で多くの識者が予想だにしない候補者が大統領として政策を遂行する。現状では多様化社会への理解が少なく、むしろさまざまな差別を広げてゆくのではないかと危惧されている。彼のスローガンは「偉大な米国を取り戻せ」だが、企業の時価総額をみる限りにおいては米国の経済力は依然として他国に比べ圧倒的に強いと思われる。そしてそのような基盤をつくってきたのは間違いなく米国の多様性にあるという認識をもってもらいたいと強く希望する。

5-2　新しい働き方

シェアリング・エコノミーの大きな特徴は、まず共有する「貸し手」と「借り手」がそれぞれ業者ではなく個人であるという点である。そのため、利用者はシェアリング・エコノミーを利用して自由にビジネスを行うことができ、自分自身でその利益を獲得することができる。実際にAirbnbやUberといったシェアリング・エコノミーの貸し手となっている人の多くは家

第3章　多様性社会と情報

計費の支払いのために利用している。

次に、個人がもつ遊休資産を活用して経済活動が行われる点である。たとえば空き家やクルマは、使う時間よりも使わない時間のほうが長い場合が多い。このように個人がもつモノ、スペース、サービスは眠らせている時間が多いものがある。これらがいわゆる遊休資産となっている。

シェアリング・エコノミーはこれらを貸し出したい人から借りたい人へマッチングさせることで遊休資産を有効活用することができる。そして遊休資産の活用に関連して、もともともっている資産を利用するためシェアリング・エコノミーは過大な投資を必要としないでビジネスを行うことができる点も特徴である。プラットフォームもインターネット上にあることから新規でビジネスを始めやすい。

基本的にシェアリング・エコノミーの貸し手は、時間やタイミングなど自由にビジネスを行うことができる点も特徴である。そのため、ビジネスへ参加する場合は個人の現状に合わせた働き方をすることができる。

最後に、シェアリング・エコノミーは、場所・モノ・ヒトの共有によってそれぞれ個人と個人をつなげることになる。その個人同士はシェアリング・エコノミーを利用しなければつながらなかったと考えると、各種サービスは新たな人のつながりを生み出す効果がある。

これらをまとめると、シェアリング・エコノミーには以下の特徴がある。

①個人間の取り引きによる直接的な収入が得られる
②個人がもつ資源、人材のなかでの遊休資産の活用ができる
③自由な働きが可能である
④新たな人のつながりを生み出す

　自分のもつ遊休資産をビジネスに利用し、その収入を得ることができる。また、働きたい、収入を得たいという人に対して自由な働き方を提供し、仕事の幅を広げることができる。このような働き方、仕事はこれまでの政策では生み出すことができなかった点である。

　さらに遊休資産を活用することができるシェアリング・エコノミーは地方が多く抱える遊休資産を有効に活用することが可能である。人口減少、少子高齢化が進む地方では特に普段利用しない時間が長いクルマや空き家、スペースが多く存在する。

　これらの問題を多くの地方が抱えており、対策を講じる必要がある。そこでシェアリング・エコノミーを活用して「貸したい人」と「借りたい人」を上手くマッチングさせることで遊休資産を活用することができるようになる。

　また、地方では少子高齢化が進むため、特に移動手段、モノ、ヒトの各種サービスは高齢者を支えるものとして今後重要となると予想される。

　その地域に存在する「家事代行サービスをしたい人」と「家事代行サービスを受けたい人」をマッチングさせることから、シェアリング・エコノミーは地域で高齢者を支える仕組みとなりうる。このように、新たな人のつながりを生み出す特徴は地

域のつながりを強くする効果も期待できる。

　これらの理由から、シェアリング・エコノミーを政策として取り組むことで地域の仕事の増加や生活の質の向上を図ることができる。また、これまでの政策で欠けていた性質をシェアリング・エコノミーはもっている。そのため、シェアリング・エコノミーを地方創生の実現に向けた政策として進めていくべきである。

　また前節で述べたUberなどのライドシェアはタクシーより安価に利用できることから、地方においてライドシェアを導入すると想定した場合、移動手段の幅を広げることができると考えられる。ライドシェアとタクシー配車ではサービスの質は似ているものの、料金の差でライドシェアのほうが域内、域外ともに大きな影響を与える可能性が高い。

　日本で自家用車有償運送を行うには第二種運転免許が必要であり、また自家用車（白ナンバー）を使うことは認められていない。そのため、規制緩和が行われなければライドシェアの効果を地方創生に最大限反映させることはできない。

　大きなチェンジが必要になってきている。今までのようにインフラ投資やいわゆるハコモノに投資をすることは、その無駄を回収することができない事態に陥る。政権が変わるたびに私たちは規制緩和、撤廃、改革等々の空虚な言葉を聞き続けた。そして、それはいまだに続いている。

　ところで、航空機パイロットは現在、日本では非常に貴重な

人材に値する。しかしながらこれまで定年を65歳と規定していたために、実際には仕事ができる人材がいながらリタイアするか、定年の規定が違う海外で再就職するしか道がなかった。こうした事態を迎え、ようやく重い腰を上げた政府は定年の3年の延長ということを決めた。

　私は定年制をこのように弾力的に考えるべきと思う。健康診断を半年ごとに行い、技能チェックも頻繁に実施すれば問題がないと思える。50歳でも危ない人はパイロットを継続することはできないし、100歳でも可能な人は飛ばせばいい。教員も同様であり、学生が全員寝ているような講義を展開し続ける教員は本来、退職すべきだし、行列のできる講義を展開できる人は生涯、仕事を続けられるようにすればいい。振り分けの方法などいくらでもあるはずだ。

　日本における少子高齢化の波は、社会構造の成熟度のひとつの指標である。少子化と高齢化はそれぞれの社会的変動要因を独立した現象として生起しながら、しかも相互に関連しつつ新たな社会問題を生み出してゆく。特に社会を支えてゆく若者の人口減少は、教育機関にとってのみならず国家基盤を考えるうえで極めて重要な課題となる。経済問題に焦点をあててみると平成10年に対して平成26年は約113万円近くも世帯当たりの平均所得が下落している[16]。

　一方で高等教育機関の入学料および授業料は、国公立、私立ともに増加傾向にある。この状況を考慮すると各家庭は教育費の捻出に四苦八苦するケースが増えていることが当然考えられ、

高等学校同様に各大学も授業料の未納による除籍者が増加している理由を裏づけている。

　日本の高齢化対策の中心はいわゆる「施設収容型」と呼ばれるものが多く、福祉水準を測る指標は各自治体のもつ特別養護老人ホームをはじめとする公的施設数であった。しかし、高齢者といっても元気な高齢者が増えてきているという現在、地域システムとしての高齢化対策が、施設や道路、公園といった生活環境改善に向かうことは必然であるが、高齢者が受講しやすい教育の機会や就業の機会をつくることはリタイアしてからの長い人生設計のためには最も重要なことであるといえる。

【注】
1）J-castニュースより引用。
　http://www.j-cast.com/2013/08/07180981.html?p=all
2）日本出版取次協会の加盟会社数は、2016年12月で22社あるが、このうちトーハン、日販でシェアの70％以上を占める。
3）http://www.arsvi.com/2010/1303yy.htmより引用。
4）視覚障がいや知的障がいがないにも関わらず、読み書きに困難を示す状態のこと。
5）世界的な感染の流行を表す用語。
6）佐賀県武雄市では「スマイル学習」としている。
7）日本経済新聞主催の円ダービー（全国学生為替予想）。
8）DDoS攻撃とは、複数のネットワークに分散する大量のコンピュータが一斉に特定のネットワークやコンピュータへ接続要求を送出し、通信容量をあふれさせて機能を停止させてしまう攻撃。

9）Weblio辞典より引用。
10）bitcoin newsより引用。
11）"Bitcoin日本語情報サイト"ビットコインが使える日本のお店（ビットコイン決済対応店舗）2016年11月24日現在掲載数 2016年11月24日アクセス。
12）bitcoin newsより引用。
13）日本経済新聞電子版（2017.1.24）より引用。
14）http://www.asahi.com/articles/ASJ9V52WFJ9VULFA00Z.html参照。
15）Airbnb（エアビーアンドビー）は、宿泊施設・民宿を貸し出す人向けのウェブサイトである。世界192カ国の33,000の都市で80万以上の宿を提供している。2008年8月に設立された、サンフランシスコに本社を置く、非公開会社Airbnb, Inc.により所有、運営されている。
16）労働省「国民基礎調査」より。

【参考文献】
アルメディア調査　「全国の書店数」
http://www.1book.co.jp/001166.html
インプレス
http://www.impress.co.jp/newsrelease/2016/07/20160727-01.html
「ICT教育の課題と展望」―東洋大学現代社会総合研究所・ICT教育研究プロジェクト第1次報告―　松原聡、澁澤健太郎、小河智佳子、岩出和也「現代社会研究」第12号
「情報通信白書平成27年度版」総務省
『機械との競争』kindle版　エリク・ブリニョルフソン、アンドリュー・マカフィー

「THE FUTURE OF EMPLOYMENT : HOW TO COMDUTERISATION？」
Carl Benedik＋Frey and Michael A, Osborne, September 17, 2013
「日本マクドナルドホールディングス」
http://www.mcd-holdings.co.jp/financial/monthly/
『現代の大学・高等教育―教育の制度と機能』、喜多村和之、玉川大学出版部
Los Angels Times
http://www.latimes.com/business/technology/

付録：東洋大学男女共学100周年記念学生報告大会資料

　2016年5月、多様性社会をキーワードに東洋大学で学生に公募。全学で公募に応じた多数の学生グループ（ほとんどはゼミ）がフィールドワークと研究を行なった。複数の審査委員による審査の結果、経済学部総合政策学科澁澤ゼミがグランプリを受賞した。（代表　荻原）

東洋大学2116年
〜次の100年に向けて〜

経済学部 総合政策学科 澁澤ゼミナール 3年

原　高橋　荻原　蕪木　神村　増子

TOYO DIVERSITY

LGBTとは

【L】レズビアン

【G】ゲイ

【B】バイセクシュアル

【T】トランスジェンダー

S 佐藤
S 鈴木
T 田中
T 高橋

人口の
約5.1%

参照：芳文館「日本苗字大辞典」(1997)

LGBT人口

※事前スクリーニング調査の概要
・対象：20～59歳の個人69,989人
・対象エリア：全国
・時期：2015年4月7日～8日
・手法：インターネット調査

人口の
約7.6%

電通ダイバーシティ・ラボ「LGBT調査2015」

東洋大学全学生29680人中

2255人

平成27年度　学部(第1・2部)・大学院・専門職大学院　学生数

付録：東洋大学男女共学100周年記念学生報告大会資料

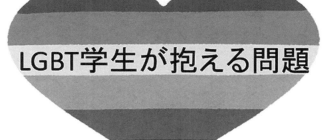

LGBT学生が抱える問題

TOYO DIVERSITY

問題①男女別の学内施設

・トランスジェンダー学生

男女別のトイレや更衣室などを利用する際に
困ったことがある

TOYO DIVERSITY

問題②
学内サービスとLGBT学生のニーズのミスマッチ

→対応が不十分

- キャリアセンター
- 健康診断
- 学生寮

問題③学生・教職員による差別的言動

LGBT当事者

何気ない言動がLGBT当事者を
傷つけている

暴

国際人権団体ヒューマン・ライツ・ウォッチ

幼稚園の先生
「女の子同士は結婚できないんだよ」

小さい頃から当事者への
差別的な思考ができてしまう

なんと答えたら良いのか分からなかった

静岡市内に住む当事者のインタビュー

社会的に見てわかること

自殺未遂率
約6倍

いじめ経験
70%

参照：わが国における都会の若者の自殺未遂経験割合と
その関連要因に関する研究

参照：いのちリスペクト、
ホワイトリボン・キャンペーンLGBTの学生生活
に関する実態調査(2013)

LGBTが抱える問題が留年・中退などの
隠れた原因になっているかもしれない

付録：東洋大学男女共学100周年記念学生報告大会資料

問題④孤独感・相談できるところが無い

・LGBT学生

66%

学内で孤独を感じる
ダイバーシティ早稲田調べ（2015）

なぜ東洋大学がLGBTをとりまく問題に
取り組む必要があるのか

TOYO GLOBAL DIAMONDS と LGBT

・スーパーグローバル大学創成支援

学生のグローバル対応力育成のための体制強化を進める大学を文部科学省が10年間にわたり支援する

⬇

東洋大学は「TOYO GLOBAL DIAMONDS」という構想でスーパーグローバル大学創成支援のタイプBに認定された。

TOYO-DIAMONDS

TOYO GLOBAL DIAMONDS と LGBT

・**TOYO GLOBAL DIAMONDS 構想**
　グローバル人財として成長するために

　　「異文化環境における英語運用表現能力」
　　　　　「文化的な価値創造能力」
　　「異文化環境における課題解決能力」

　の3要素の強化を目的としたプログラム。

TOYO-DIVERSITY

男女共学100周年からダイバーシティの実現へ

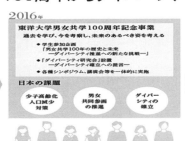

私たちは
ダイバーシティ推進室
を提案します。

付録：東洋大学男女共学100周年記念学生報告大会資料

ダイバーシティ推進室　概要

- **目的**: 東洋大学に通う学生が、特別な困難を抱えることなく学生生活を送れる大学を作る
- **対象**: LGBT学生だけでなく、すべての東洋大学生および、教職員
- **運営体制**:
  - LGBTに関する知識をもった専任職員
  - 学生スタッフ

ダイバーシティ推進室概要

①学内環境の改善	②啓発活動	③LGBT学生支援
学内施設の整備	学びの機会提供	集いの場づくり
サービス作り	レインボーウィーク	個別相談ブース

①学内環境の改善　その1

ジェンダーニュートラルな学内施設の整備

東洋大学にある共用トイレの数　11個

①学内環境の改善　その2

LGBT学生を想定したサービス作り

- 健康診断の表記
- 支援方法ガイドラインの作成

②啓発活動　その1

LGBTについての学びの機会を提供
東洋大学のすべての学生・教職員が対象

- 講演会 公開授業
- Toyo Net-Gに配信

②啓発活動　その2

レインボーウィークin東洋大学
（鉄紺デイズに類似したものを想定）

2016年は4月22日〜5月8日レインボーウィーク。
都内を中心とした各所で多くのイベントが行われた。

付録：東洋大学男女共学100周年記念学生報告大会資料

TOYO DIVERSITY

③LGBT学生支援　その1

誰でもなんでも書き込める[こころのノート]を設置

静岡市内初のLGBTフレンドリーカフェ

TOYO DIVERSITY

③LGBT学生支援　その2
LGBT学生の集いの場つくり

にじいろの会

仲間作りイベント
自分がLGBTかも？と思った方などご参加お待ちしております。
気になった方は御連絡ください。

主催：ダイバーシティ推進室

TOYO DIVERSITY

③LGBT学生支援　その3
専門職員による個別相談ブース

- 就職差別
- カミングアウト
- Toyo Netを利用したアンケート

ダイバーシティ推進室がもたらす効果

TOYO DIVERSITY

効果①多様性の尊重

東洋大学がダイバーシティの推進役になれる

世界ランキングTOP100の大学のほとんどでLGBT支援を実施
日本で支援を実施している大学はごくわずか

TOYO DIVERSITY

効果②真のダイバーシティへ

LGBTの問題を中心とした推進室から
男女、障がい者対応、外国人対応の推進室へ

留年 退学者数　減少 ⬇
入学希望者数　増加 ⬆

付録：東洋大学男女共学100周年記念学生報告大会資料

TOYO DIVERSITY

効果②真のダイバーシティへ

LGBTの問題を中心とした推進室から
男女、障がい者対応、外国人対応の推進室へ

留年　退学者数　減少 ⬇
入学希望者数　増加 ⬆

TOYO DIVERSITY

私たちの願い

ご清聴ありがとうございました

おわりに

　本書は多様性社会と人間に焦点をあててきた研究者が、それぞれの専門領域から問題意識と検証結果について述べたものである。

　IT革命からすでに20年以上の年月が経過した。情報技術の進展はわれわれの働き方を変え、労働時間の短縮を促すと言った識者がいたが、果たしてそうなっているだろうか？　大手広告代理店では、長時間労働等によって若い女性が尊い命を絶った。会社ならびに上司は書類送検され、社長は辞職すると報道されたが、失った命は決して戻ってくることはない。

　ICTによる効率化は、さらなる競争を激化させ、人間の本来もっている優しさや愛情を喪失させる面があるのだ。文化や宗教、思想、哲学、人種、性別などさまざまな違いがネットで繋がっていく社会では何を醸成してゆくのか。そしてどのように対応することが望まれるのか。こうした疑問に向き合って今後も研究をすすめていきたい。

　おわりに本書のとりまとめに奔走してくれた時潮社の相良智毅氏に著者を代表して深く感謝する。

　著者を代表して

　　　　　　　　　　　　　　　　　　　　　　　澁澤　健太郎

執筆者紹介

第1章担当　雨宮　寛二
公益財団法人世界平和研究所　主任研究員。
ハーバード大学留学時代に情報通信の技術革新に刺激を受ける。日本電信電話株式会社入社後、主に国際事業部門に所属し海外投資事業に従事する。現在、ネットビジネスの調査・研究に携わる傍ら、大学で講師を務めるなど幅広く活動している。著書に『アップル、アマゾン、グーグルの競争戦略』『アップルの破壊的イノベーション』『アップル、アマゾン、グーグルのイノベーション戦略』（いずれもNTT出版）などがある。

第2章担当　諸伏　雅代
横浜市立大学大学院医科学研究科修士課程修了。
横浜市立大学大学院医科学研究科、長崎大学大学院医歯薬学総合研究科にて女性ホルモンが感覚機能に及ぼす影響、匂いとコミュニケーションについて研究を行う。現在、駐日在外公館にて商務官の立場から日系企業の海外直接投資に関与。東洋大学経済学部非常勤講師、東洋大学現代社会総合研究所客員研究員。生理学的視点から企業の海外直接投資について研究を行う。

第3章担当　澁澤　健太郎
東洋大学経済学部総合政策学科教授。和光大学経済学部講師を経て現職。東洋大学大学院経済学研究科博士後期課程修了。情報技術と教育、情報化と規制緩和などの研究に従事。著書に『Information－情報教育のための基礎知識』（NTT出版、2003年、共著）、『情報化社会と人間』（時潮社、2013年、共著）、『電子書籍のアクセシビリティの研究』（丸善・東洋大学出版会、2017年、共著）、他多数。

多様性社会と人間
IT社会と経営・食文化・ダイバーシティー

2017年3月25日　第1版第1刷　　　　　　定価2800円＋税

著　者　　澁澤健太郎
　　　　　雨宮寛二　ⓒ
　　　　　諸伏雅代
発行人　　相良景行
発行所　　㈲時潮社
　　　　〒174-0063　東京都板橋区前野町4-62-15
　　　　電　　話　03-5915-9046
　　　　ＦＡＸ　　03-5970-4030
　　　　郵便振替　00190-7-741179　時潮社
　　　　ＵＲＬ　　http://www.jichosha.jp
　　　　E-mail　kikaku@jichosha.jp
印刷・相良整版印刷　　製本・壺屋製本

乱丁本・落丁本はお取り替えします。
ISBN978-4-7888-0716-7

時潮社の本

次世代の情報発信
澁澤健太郎・山口翔　著
Ａ５判・並製・160頁・定価2500円（税別）

活気に満ちた東洋大学・澁澤ゼミShibuzemiのユニークな活動を下敷きにブログの運営、メールマガジン・インターネットラジオ・映像などを自在に配信できる、最先端のパソコン・スキルを一挙公開。

ナレッジ・ベース・ソサエティにみる高等教育
遠隔教育の評価と分析を中心に
渋澤健太郎　著
Ａ５判・並製・176頁・定価2800円（税別）

全国には病気等の諸事情で大学に通学できずに休学や退学を選ぶ学生がいる。遠隔教育システムがあれば、教育を受け続けることができたかもしれない。ICTを駆使した新しい教育、東洋大学における５年間の豊かな経験に基づいて著者は明言する―「遠隔教育によって生涯学習社会構築が可能になる」と。

コンピュータリテラシー
澁澤健太郎・山口翔　著
四六判・並製・204頁・定価2800円（税別）

情報社会の変化のスピードが加速し、利便性が増す一方、ネット犯罪などの問題も急増している。情報技術を正確に学び適切な使い方を知ることは、もはや必然のことである。本書はその目的のために必携の書である。

情報化社会と人間
デジタル時代のインポータントファクター
澁澤健太郎・伊藤昭浩・山口翔・諸伏雅代　著
Ａ５判・並製・200頁・定価2800円（税別）

情報化―ポイントカードによる顧客管理が進み、交通系カードはついに全国化を果たし、携帯電話は人口を凌駕する勢いで増え続ける…しかし、小学生の「ネットいじめ」をはじめとする負の側面も加速度的に増殖している現在、市民社会はどのように対応すべきか。本書はデジタル社会を多面的に論じる中でこうした問題に確実な一石を投じる試みである。